格数致智

构建思维成长的数学课堂

宋士民　田志锋◎著

安徽师范大学出版社

ANHUI NORMAL UNIVERSITY PRESS

·芜湖·

图书在版编目(CIP)数据

格数致智：构建思维成长的数学课堂 / 宋士民，田
志锋著. -- 芜湖：安徽师范大学出版社，2024.11.
ISBN 978-7-5676-6853-9

Ⅰ. G623.502

中国国家版本馆 CIP 数据核字第 2024E3U126 号

格数致智：构建思维成长的数学课堂　　　　　　　宋士民　　田志锋◎著

责任编辑：孔令清　　　　　　责任校对：吴毛顺　汪　元
装帧设计：王晴晴　姚　远　　责任印制：桑国磊
出版发行：安徽师范大学出版社
　　　　　芜湖市北京中路2号安徽师范大学赭山校区
网　　　址：http://www.ahnupress.com/
发 行 部：0553-3883578　5910327　5910310(传真)
印　　刷：安徽联众印刷有限公司
版　　次：2024年11月第1版
印　　次：2024年11月第1次印刷
规　　格：700 mm × 1000 mm　1/16
印　　张：14.25
字　　数：230千字
书　　号：978-7-5676-6853-9
定　　价：58.00元

凡发现图书有质量问题,请与我社联系(联系电话:0553-5910315)

序

　　小学数学课堂是什么样子？不同的人会给出不同的答案。虽有不同，其教学本意却有着某些相同之处：简单的知识传授或技能训练绝不是数学课堂的常态，兴趣的激发、知识的探究、思维的绽放、智慧的启迪应是数学课堂教学的追求。而本书作者正是基于这一深刻认知，致力于探索数学学习之本质，构建了思维成长的生命课堂。

　　认识宋老师很早，但真正熟知他源于他对数学教学深深的热爱与孜孜不倦的追求。大学毕业后，他成为一名普通的小学数学教师。经历几年的教书生涯，他便真正爱上了数学教学，开始钻研小学数学，并发现"小知识"中蕴含的"大道理"。他时常思考"数学的本质是什么？""儿童需要怎样的数学学习？""数学教育的价值又是什么？"等本源性问题。于是，带着这些思考和对数学教育的执着，他选择继续深造，攻读南京师范大学数学专业研究生。其间，他不仅深入研究数学专业的理论和应用，还致力于探索数学教育教学理论，深入浅出地理解和掌握小学数学这门学科。毕业后，他毅然选择回到小学担任数学教师，这一决定展现了他对教育事业的深深热爱和对小学数学教学的特别关注。

　　正是这种高站位与深热爱，才有了他对数学教育的精深思考，继而根据《礼记·大学》中的"格物致知"创造性地提出"格数致智"的数学教学主张。他主张通过"格数致智"推究数学知识之本源、本相，获取数学知识之推理、表达。这种推理、表达正是激发学生思维活力，培养他们解决问题能力和创新精神的源泉。我们似乎可以看到他正努力地超越浅层的知识传授，深入到思维层面，让学生在数学学习中体验到探究的乐趣和思维生长的力量。

在这本书中，我们可以看到宋老师在数学学习上对"格数"方面的三个关注。其一，情境性与问题性，强调数学学习要强化真实的情境设计与合理的问题提出；其二，主体性与交互性，强调数学学习要尊重学生的独立思考、自主探究、主动建构，同时强调学生之间的交互合作与经验分享；其三，体验性与反思性，强调数学学习要积累数学活动经验，注重反思内省。

在这本书中，我们也可以看到宋老师一贯主张数学学习对"启智"——提升学生思维品质的至关重要作用。通过"格数致智"的数学学习，学生能够培养分析问题、推理判断的逻辑思维，独立思考、辨别真伪的批判性思维，以及灵活思考、综合关联的创造性思维等。这些思维品质的提升将有助于学生在面对复杂问题时能够迅速找到解决方案，继而提升自己的综合素养。

在阅读这本书时，我被作者对数学本质的深刻洞察所打动，被作者对教育价值的执着追求所感动。这本书是作者多年教学经验的智慧结晶，它告诉我们，数学不是一堆冰冷的符号和公式，而是一种火热的思考方式、一门解决问题的艺术、一条通往智慧的探险之旅。

感谢作者用智慧和汗水为小学数学教学注入了新的活力。在此，我衷心推荐《格数致智：构建思维成长的数学课堂》一书，愿它能够启迪更多的一线数学教师，一起追寻数学和学习的本质，共同探索数学教育的奥秘和魅力，培养具有批判意识和创新精神、适合未来发展的合格人才。

韩　东

（特级教师、正高级教师）

前　言

近年来，在数学教学改革的过程中不断涌现出新的教学理念和策略，促进学生数学能力的发展。比如，数学核心素养的提出，深度学习理念的推广，结构化教学的实践，单元整体教学的设计……凡此种种，不一而足。面对诸多的教学新概念、新主张，我们总是无所适从，茫然若失，但也在努力地寻找理念背后的目标和价值取向。

正本清源。归根结底，在数学教学的道路上，我们需要解决的问题是："数学的本质是什么？""儿童需要怎样的数学学习？""数学教育的价值又是什么？"关注数学的本质，要求我们要了解知识的产生与来源、结构与关联、价值与意义；关注儿童的数学学习，要求我们要坚持儿童立场，经历数学的"再创造"，还原数学的"本来面目"；关注数学教育的价值，要求我们理解数学教育的真谛——为思维而教，构建思维自由成长的数学课堂，将"启迪智慧、点化生命"落地生根。只要弄清这些本质问题，数学教学起点的选立和教学目标的追求便迎刃而解。

围绕这些问题，我们不断地学习、思考、实践，并汲取古今中外数学教育的精华，久而久之，便形成自己的教学主张和策略——让数生根，发展思维，形成智慧。这就是我们进行"格数致智"课堂教学探索的初衷。

"格数致智"的教学主张化身于"格物致知"。"格物致知"是孔子学生曾子所著《礼记·大学》里的重要条目，更是儒学思想中的重要基础之一，也是我们实现人生价值的基本条件。

第7版《现代汉语词典》对"格物致知"的解释为"推究事物的原理法则而总结为理性知识"；也有人解释为"格除物欲，获得智慧"或"端正事业物境，达致自心良知本体"……太多的解释让我们无所适从，到底哪种解释是正确的呢？除此之外，知识无处不在，问题无处不在，但是真正时时刻刻在"格物"的人又有多少呢？下面就结合我们多年的教学实践，从数学学习和数学教学两个角度，谈谈我们对"格物致知"的一些粗浅认知和做法。

我们认为"格物致知"的"格"可以解释为"归纳探究"，"物"可以解释为"一切事物"，"致"可以解释为"引导开启"，"知"通"智"，是智慧的意思。"格物致知"的意思就是：归纳或探究事物的本相和彼此关系，从而引导开启自己的智慧，获得更深层的领悟。

在数学课堂上，"格"，更多地关注数学学习的主动探究，进行意义建构，注重活动经验的积累和数学思想方法的感悟，更多地体现学生的主体地位；"致"，要求教师善于启发引导学习，进行思维启迪和价值引领，注重教学策略的有效性和灵活性，更多地体现教师的主导地位。

"格数致智"的教学主张，就是追求有根、有感、有品的学习路径，通过数学学习，提升学生的思维品质，发展学习的关键能力和必备品格，并形成正确的价值观，真正让数学学科素养在课堂中落地生根。

"双减"背景下，我们需要探索"提质增效"的课堂教学新样态、新路径。"格数致智"的教学主张，不仅能有效地落实"双减"政策和新课程标准理念，而且能有效地回应"数学的本质是什么？""儿童需要怎样的数学学习？""数学教学的价值是什么？"等本源性问题。

值得欣慰的是，我们汇聚了学校最优秀的教师，组建"数耕园"数学教研共同体，定期邀请专家、名师进行理论指导和课例示范，促进我们的研究不断地深入、完善。经过坚持不懈的努力，2022年7月，我们的科研课题"格数致智：'双减'背景下小学数学课堂教学新样态的路径研究"成功获得安徽省教育科学研究项目（编号：JK22095）立项，这是对我们的教学设想和主张的肯定和支持，也为我们的研究提供了信心基础和动力支持。

研无止境。任何一个教学新主张、新观念的提出，都需要在实践中检验和修正。当然"格数致智"教学构想和主张,也要在实践中不断地检验、完善、丰富和发展。

本书稿分为四个部分。

第一辑,教学主张。这里我们提出"格数致智:促进学生思维成长"的教学内涵、主张和课堂实施策略。我们主张数学学习要经历"格数—启思—致智"的过程,要注重结构化学习,关注数学思想方法和学习活动,关注对质与思辨、体验与反思。

第二辑,课堂实践。这里记录我们的教前慎思、课中实践和教后感悟。这些课例呈现出数学课堂教学的新路径、新样态——关注认知经验,进行学前检测;设计核心问题,进行问题引领;选择结构化的学材,进行结构化学习;引导学生回顾反思,感悟和提炼思想方法;优化课堂练习,关注过程与方法。

第三辑,课例透视。这里折射我们对当下数学思维教学的思考。从关注学生的认知经验、数学知识的本质与思想、促进思维成长等多个角度,我们观察、剖析和重构自己的课堂教学,以促进学生思维更好地发展。

第四辑,教学随笔。这里主要撷取我们教研团队的一些教学心得,并将其整理打磨成文,来呈现我们课堂教学的行与思。其主旨是引导一线教师要乐于探索、勤于思考、善于反思,要为学生创设乐学、会学、善思、内省的且能促进思维成长的数学课堂文化。

本书主旨思想力求符合"双减"政策和新课程理念精神,内容贴近一线教师的课堂教学实际,布局结构层次分明,语言叙述生动翔实,在注重教学理论阐释的同时注重课堂例证,列举了大量课堂实践和课例透视,真正做到了让大家易读易懂。我们真心希望本书能够为一线教师探索新课程理念下的课堂教学新样态、新路径提供些许启发和参考。

目　录

第一辑 // 教学主张

我们应当将"为思维而教"看成数学教育的本真意义和主要目标。我们应当致力于构建促进学生思维成长的数学课堂，帮助学生通过数学思考学会思维。我们应当将发展学生的思维能力根植于数学知识和技能方法的学习中，重新探索"双减"政策和新课程理念下的教学新样态、新路径。因此，我们提出了"格数致智"的教学主张，即格数—启思—致智。主张课堂教学，要注重教学内容的结构化，关注数学知识的本质、本源、结构与联系；要引导学生启疑探究、对质思辨、反思内化，努力提升学生的思维品质，实现数学学习由"知识本位"转向"素养本位"。

格数致智：基于学生思维成长的课堂教学主张

一、"格数致智"的提出缘由

核心素养视域下的课堂教学改革已经进行很多年，培养学生学科素养的理念也深入每一位教师的心中。但数学课堂上仍存在着一些不尽如人意的地方，如：新颖动感的情境创设，有时会忽略数学知识的内在魅力；碎片化的教学，也会缺乏统整结构的观念；指令式的操作和交流，可能导致教学缺乏深度的学习和反思。

那么课堂教学中，"怎样靠数学知识的内在魅力吸引学生，而非假借外在形式？""数学的本质是什么？""数学的教育价值是什么？""儿童又需要怎样的数学学习"这一系列直击数学教育教学本质的灵魂拷问，一直伴随着我们多年的教学探索历程。与此同时，我们对数学教育教学的理解也在不断地成长、成熟，致力于追求和建构自己的教学主张。

"让数生根，发展思维"是我们多年的教学经验总结和教学主张，也是对上述问题的思考和回应。"让数生根"，要求我们在实践教学中，关注数学知识的本质，关注学生的认知经验，让学生经历知识的形成过程，在操作活动中体验、感悟蕴含的思想方法。"发展思维"，则是对数学教育价值的观照，我们应将"思维"看成全部数学教学的价值追求，应通过数学学习帮助学生学会思维，努力提高学生的思维品质，促进学生思维的发展。

（一）教育形势发展的应然选择

"双减"政策实施以来，提高课堂教学质量成为减轻学生课业负担的根本之策，这一理念已成为共识并深入人心。课堂教学是课程实施的主渠道，是学生健康成长的主动脉，如果观照"双减"的两大具体任务——减轻学生作业负担和校外培训负担，那么我们更应当重视课堂教学之于落实"双减"的重要作用。因此，提升课堂教学质量，优化教学方式，确保学生在校内学足学好，是我们当下教学努力的目标。

《义务教育数学课程标准（2022年版）》提出：要"发挥每一种教学方式的育人价值，促进学生核心素养发展"，落实"立德树人"的根本任务；要"注重教学内容的结构化""注重教学内容与核心素养的关联"，帮助学生建立能够体现数学学科本质、对未来学习有支撑意义的结构化的数学知识体系；要"丰富教学方式""强化情境设计与问题提出"，引发学生积极思考，促进学生思维发展。种种观点契合我们多年的教学设想，为我们的课堂建构明确了方向和提供了动力支持。

结构化学习，简约教学，无痕教育，以错化人……当下许多数学教学名家至朴至简的教学理念，无不折射出对数学教育本质的深刻思考，同时为我们开展教学实践提供了信心支持和策略参照。

（二）"格数致智"教学的设想架构

他山之石，可以攻玉。借鉴名师教学理念的形成历程，汲取中华传统文化中的教育精华，在完善和发展"让数生根，发展思维"的教学主张的基础上，我们提出了"格数致智"的教学设想，即"格数—启思—致智"，让数生根—发展思维—形成智慧（如图），期待在"双减"背景和新课程标准理念下，不断地实践、检验、修正、完善，构建行之有效的课堂教学策略。

基于思维生长的"格数致智"的教学设想

二、"格数致智"的内涵阐述

"格数致智"的提法来自中国传统文化名著《礼记·大学》里的条目：格物致知。"格物致知"的意思是：归纳或探究事物的本相和彼此关系，获得更深层的体悟，从而开启自己的智慧。智慧是什么？是对知识快速而透彻的认知和理解的能力。智慧是怎么来的？就是通过反复地归纳总结、探究事物原因，并洞见其关联而得来的。

所谓"格数致智"的数学教学，是指建立在学生已有认知基础上，以探究知识的本源和联系为手段，以实现意义学习和动态建构为目的，同时又以发展思维为导向，提升学习能力和形成智慧为目标追求的数学学习过程、方式和方法。简言之，"格数致智"就是"格数—启思—致智"。

下面从数学知识、思维能力、核心素养三个目标层面对"格数致智"进行阐释。

（一）探究数学知识，让学生学"有根、有感"的数学

格数，强调数学学习要关注过程体验和意义建构，要注重知识的结构和联结。

教师引导学生要从本源上理解数学知识，揭示数学知识的本相；基于学生的认知经验，引导学生进行意义建构，构建他们自己的数学解释；引导学

生学会用整体化、系统化、结构化的思想，将数学知识形成结构和联结，由知识点形成知识网络，建构自身的数学知识体系；引导学生经历知识的再创造，实现真正意义上的数学探索和过程体验。

（二）发展思维能力，让学生学会思考

启思，要求问题情境的设计和学习材料的选择，要能激发学生的思考和探究，引发思维的交流和碰撞；并在问题的分析和解决中，提炼蕴含的思想方法，促进学生思维品质的发展。

学生思维的活跃才是数学课堂生命力所在。学生在探索发现和问题解决的过程中，学会观察、比较、猜测、分析、综合、抽象和概括；学会用归纳、演绎和类比等方法进行推理；学会合乎逻辑、准确地阐述自己的思想和观点；学会用数学概念、思想和方法，进行质疑、问难、思辨、批判，构建思维成长的数学课堂。

（三）培育核心素养，让学生成为更好的自己

致智，数学学习不仅要关注知识和技能的习得，而且要关注对思想方法的感悟，更要关注情感、态度与价值观的培养，最终形成智慧——转"知"成"智"。

数学作为人类思考的表达形式，反映了人们积极进取的意志、缜密周详的推理以及对完美境界的追求。因此，数学的探索应建立在学生内心渴求之上，让学生优秀的品格形成于数学探究之中。学生在"格数""启思"中，形成关键能力，养成必备品格，塑造正确的价值观，发展核心素养，为将来的智慧人生奠基。

基于思维成长的"格数致智"数学课堂教学，需要将"传授知识、培养能力"和"发展思维、启迪智慧"同时落实，协同发展。"格数致智"，就是追求"有根、有感、有品"的教学路径；"格数致智"，就是通过数学学习，提升学生的思维品质，发展学习的关键能力和必备品格，形成优秀的价值观；"格数致智"，就是一种回归"本原"的课堂教学实践。"格数"是过程，是载

体，也是行动；"致智"是结果，是目的，也是理念。

三、"格数致智"的理论依据

从数学知识的角度，美国数学教育家M.克莱因在其著作《数学与知识的探求》中指出：世界是根据数学设计的。真正的自然规律是按一定的数学模式运行的。英国数学家索耶指出："数学是一门关于模式的科学。"这里的模式包括顺序、结构和逻辑关系，包含可识别的几乎任何形式的规则。数学关系是宇宙之钥，万物通过数学得以理解，数学以独特的语言诠释了我们这个世界运行的客观规律。数学其实也是一种思想，其本质在于思考的充分自由。这些对数学本质的描述，要求我们在"格数致智"的课堂教学中，要引导学生学会用数学的眼光观察现实世界，把握其本质、结构和联系；引导学生学会用数学的思维思考现实世界，进行数学探究和体验；引导学生学会用数学的语言表达现实世界，掌握其规律，构建数学模型。

从学习意义的角度，法国安德烈·焦尔当在《学习的本质》一书中对学习的内涵和意义作了具体的阐释：对学习者先有概念的考虑必须成为一切教育计划的出发点。人是带着丰富的先前知识、技能、信仰和概念，在理解的基础上进行主动建构学习的。现代学习观倡导人们利用已知道和相信的知识去构建新知识和对知识的理解。学习是一种意义炼制活动。学习，要注重实践操作和积极思考，要注重与知识和他人对质，要注重自我发问和表达，要注重建立知识网络。在数学学习上，要基于学生的认知经验，精心设计教学材料，引发学生质疑问难，关注知识的结构和联结，引导学生进行过程体验和意义建构。

从思维成长的角度，杜威在其著作《思维的本质》中指出：一切思维的目的是将一个疑难、纷乱、不定的情境转化为一个融和、明晰、确定的情境；思维起于疑难，止于确定，就在这两端之间进行着；思维的能力，不难于探索所未知，而难于究明所已习。杜威关于思维本质的论述，对我们的"格数致智"教学主张具有很强的指导意义。这需要我们重新厘清认知：教学的关键是把知识的传递转化为发展思维的工具;呈现的学习材料,应该融合于学生已有的经验知识,应该有引起思维的疑难和解决疑难的探究需要;引导学生能在熟悉或新异的事物上,激发思考,理解其本质,赋予其意义。究根穷理,激活思维,教会学生如何思考,培养学生创新思维,应该是我们数学教育的追求目标。

如何将数学、思维、学习三者的本质进行理念提炼和融合,如何注入"格物致知"这一中国优秀传统的教育思想,在当下"双减"背景和新课程理念下,我们的数学课堂教学应该呈现什么样的状态……带着这些思考,我们不断地寻求理论依据,丰富内涵解释;不断地实践探索,重新思考建构,创设性地提出"格数致智"的教学主张,期待探索出促进学生思维成长的课堂教学新路径。

格数致智：基于学生思维成长的课堂建构

在"双减"背景和新课程理念下，基于思维成长的"格数致智"课堂教学要求我们：创设问题情境，要基于学生先有概念，引发认知冲突；呈现学习材料，能够吸引学生的心思，引发持续的思考；设计探究活动，要关注知识的结构和联结，追溯其本源，经历其过程，理解其本质。因此，我们要倡导探究体验、质疑问难、感悟反思等多种学习方式，要营造乐学、会学、善思、内省的数学课堂文化氛围，以期实现数学核心素养在课堂教学中落地生根。

为此，我们从教师的教和学生的学两个研究角度，初步构想了数学思维成长课堂的教学路径（如图），其基本操作范式主要包括五个环节。

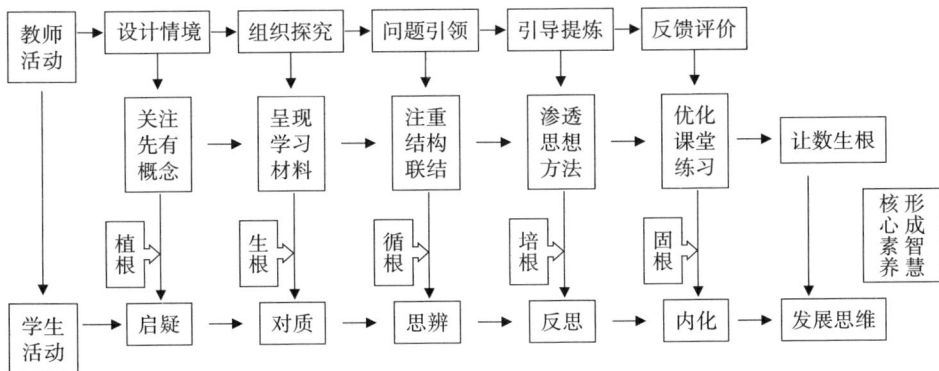

基于思维生长的"格数致智"教学路径

一、植根：关注先有概念，创设情境促生疑问

美国教育心理学家奥苏伯尔说：影响学生学习的最重要的原因是学生已经知道了什么，我们应当根据学生原有的知识状况进行教学。学生不是一张可以让老师把自己画上去的白纸，对学生先有概念的考虑必须成为一切教育计划的出发点。我们的教学应该以学生已有知识为基础，将新知根植于学生的先有概念，促使学生改变自己的先有概念，将新知纳入已有的思维结构中。特别是当学生的先有概念干扰新知识的学习时，我们要善于创设问题情境，制造认知冲突，开启疑问，激发思考。

例如，在教学"面积单位"一课时，教学伊始创设如下问题情境：王叔叔和李伯伯装修新房，王叔叔家的客厅用36块方砖，李伯伯家的客厅用64块方砖，你们认为谁家客厅的面积大？让学生在真实情境的认知冲突中发现，要比较客厅面积大小，需要产生统一的标准。接着，顺势引导学生联想测量物体长度用到的长度单位与今天研究的面积单位有关，于是学生在回忆学过的长度单位时，结合日常生活经验，"创造"面积单位的名称：平方米、平方分米、平方厘米。为了让学生更好地掌握所研究的内容和方法，教师带领学生回顾学习长度单位的方法（"认"，长度单位；"找"，身边的物体长度；"量"，实际物体的长度），并将该方法迁移到本课面积单位的探索中。

关注学生的先有概念，利用以往学习长度单位的经验和方法，有助于学生探索面积单位的本质，深刻理解面积单位的概念，主动形成面积单位的表象。

二、生根：呈现学习材料，组织探究促发对质

按照建构主义的观点，学习数学是一个"做数学"的过程，探究体验应该成为学习数学的主要方式。学习材料是探究体验的手段和思维的工具，教师要精心选择典型的、结构化的、关联性的学习材料，让其富有思考价值，激发学生的思维。教师要引导学生经历真探究、真讨论，并将学生探究体验的成果呈

现出来，与他人对质，与自己对质。对质，有利于修正或丰富自己的观点，建构良好的知识结构。但在对质前，教师要营造和谐、民主的课堂氛围，鼓励学生质疑问难；在对质时，学生要认真倾听他人的解读，检验自己的设想。

例如，在教学"集合"一课时，呈现探究问题：三（1）班同学报名参加体育健身赛。参加跳绳比赛的有6人，参加踢毽子比赛的有5人，参加跳绳和踢毽子的同学一共有多少人？此时，教师改变教材中表格式的名单为如下形式的学习材料（如图），其目的是摆脱表格的束缚，让学生自由操作，为思维生长提供广阔空间。

跳绳	踢毽
杨　明	刘　红
陈　东	于　丽
李　芳	周　晓
刘　红	杨　明
王爱华	朱小东
马　超	

接着，教师提出活动要求并组织学生充分探究。最后，教师选择有代表性的作品逐一呈现出来（如图）。

跳绳	踢毽
杨　明	刘　红
陈　东	于　丽
李　芳	周　晓
刘　红	杨　明
王爱华	朱小东
马　超	

作品①

跳绳	踢毽
杨　明	刘　红
陈　东	于　丽
李　芳	周　晓
刘　红	杨　明
王爱华	朱小东
马　超	

作品②

跳绳	踢毽
杨　明	杨　明
刘　红	刘　红
陈　东	于　丽
李　芳	周　晓
王爱华	朱小东
马　超	

作品③

跳绳		踢毽
陈　东		于　丽
李　芳	杨　明	周　晓
王爱华	刘　红	朱小东
马　超		

作品④

面对不同的思考结果，教师把甄别、评判、调整的权利充分交给学生，激发学生对质：作品①②，通过连一连和圈一圈的方式，都能看出重复的是谁，但有些紊乱；作品③，将重复名单置前，能非常直观地看出重复的是谁，但仍不能看出共有9人；作品④，将名单进行分类，把重复名单放在中间，既能清楚地看出重复的是谁，又能较快算出参加比赛的共有9人。

针对作品④，教师继续引发学生质疑问难："要想清楚表达杨明和刘红两项运动都参加，你觉得下一步该怎么做？"这一追问孕伏着自主"创造"出韦恩图的时机和方法。在教师的引导、激励、调节下，集合图顺势生成，学生的疑惑得以解除，策略得以优化，集合思想得以促成。

三、循根：注重结构联结，问题引领促使思辨

《义务教育数学课程标准（2022年版）》较之前的课程标准相比，其中一个亮点就是：注重教学内容的结构化，整体把握教学内容与核心素养之间的关联。该课标指出："在教学中要重视对教学内容的整体分析，帮助学生建立能体现数学学科本质、对未来学习有支撑意义的结构化的数学知识体系。"关注结构化，是因为结构化的知识更具有生长的力量；关注意义学习，就是构建知识之间的联结。因此，教师要以问题为引领，设计问题串，层层深入，不断地触及数学知识的本源、真相，遵循知识的规律、结构和联结，建立有意义的知识结构，实现从知识系统走向思维的结构化。

又如人教版数学六年级下册"数学思考"的例1——解决"6个点、8个点，最多可以连多少条线段"的问题，教材的安排意图是让学生体会"化繁为简""有序思考"等策略的好处。但这类问题本身独具结构和解决模式，所以教师要引导学生挖掘、厘清这类问题的结构和策略。为此，教师可整合和拓展教学内容，进行问题引领，促使学生思辨。如在教学完例1后，教师可以进行拓展，呈现如下两个问题：

问题一：6个小朋友，每2人通一次电话，一共要通多少次电话？

问题二：6个点，最多可以连多少条线段？

教师提问：这两个问题，有什么异同？

学生汇报想法：问题情境不一样，但解题思路、算式和结果一样。

教师接着问：你觉得它还能解决什么样的问题？

生1：解决握手问题，球队比赛问题，公司签合同问题，两地火车票问题。

生2：还可以解决数线段、数角、数三角形的问题。

利用学生2的回答，教师继续拓展到可以数长方形的个数等问题（如图）。

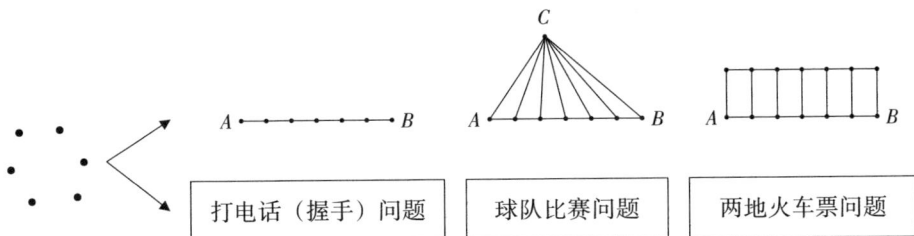

打电话（握手）问题　　球队比赛问题　　两地火车票问题

教师继续追问：我们列举了这么多的问题，你们发现有哪些相同的地方？

于是，学生思辨交流，分别从题型结构、解题方法、算式表达等不同角度，分析问题的共同之处，从而归纳概括出这类问题的通性通法：都是从 n 个不同物体中，任选两个物体进行组合；都可以借助画图进行思考；所列算式相同，都是"$1 + 2 + 3 + \cdots + (n - 1)$"。

这一环节设计，以问题为引领，由浅入深，层层进阶，有意识引导学生关注知识和方法的结构与联结。这类问题的本质就是简单的组合问题（C_n^2），由此锻炼学生由表及里、由此及彼的思辨能力。

四、培根：渗透思想方法，引导提炼促进反思

素养导向下的数学课堂教学，其教学目标应由知识本位转向素养本位，教学重点由关注基本知识和技能转向关注基本活动经验和思想方法。数学思想是内隐的，是隐藏在数学知识之下的，是需要教师去挖掘和渗透的。学习中，我们需要抓住数学知识和数学思想两条主线，引导学生提炼和归纳蕴含于教材知识和技能中的数学思想，并在每一节、每一单元的总结反思中深化数学思想。因此，感悟数学思想方法理应成为数学教学的主题。教师要引导

学生反思感悟数学思想方法的意义和作用，要让数学思想根植于学生的数学学习。

这里仍以教学"集合"一课为例。学生在经历"创造"韦恩图的过程中，处处渗透着数学思想。重新设计名单，把重复的分开，渗透着分类思想，这也是集合理论的基础；从连线、画圈、标符号到最后韦恩图的成形，可以不断地感受和培养符号意识；对比韦恩图与其他名单形式，更为简洁直观、内涵更丰富深刻，是表述集合重复问题的最佳方案，体现优化思想。利用韦恩图解决问题时，学生呈现不同的算式方法，并解释每个算式蕴含的道理，使得数形结合、模型、集合等思想方法得到有机渗透。

在对本节课进行总结时，教师选择认知性提问"今天，我们经历了怎样的学习过程？又是怎样得到这些知识的"，替代传统的、仅关注结果的提问"今天，你学了哪些知识？你有什么收获"。在学生充分表达自己的想法后，课件展示学习流程图：体育委员公布运动会参赛名单→发现和提出数学问题（集合有重复：一共有多少人？）→画集合图和列算式解决集合重复问题→应用这一知识方法（重复几就用总数减几）来解决实际问题。通过回顾和整理本节课的学习过程，串联所学知识与技能，引导学生感悟和提炼蕴含的思想与方法，完善了认知结构，提升了解决问题的能力。

五、固根：优化课堂练习，创新评价促成内化

"双减"政策落地实施以来，其核心任务之一是注重提高课堂教学的质量。当然，这对课堂作业设计也提出了更高的要求，既要不断地丰富学生作业的内涵，又要更好地实现"减负、提质、增效"的目标。新课程理念下的课堂教学，倡导注重探索知识的本质和本源，注重对概念的深刻理解，势必要缩减课堂练习的时间。这就需要我们在练习总量减少的情况下，更加精心地设计练习。有研究表明：重视概念、原理和法则的理解性学习、减少不必要的练习和重视精心设计练习不会降低课堂学习效果。因此，优化课堂练习、创新作业评价，能够提高课堂效率，有效地实现知识内化，促进思维发展。

例如，在教学"小数的意义"时，教师设计如下练习：如图，选择你需要的图形，涂出下面的小数：0.5，0.95，1.7。

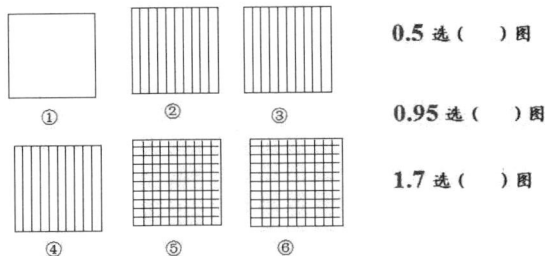

0.5 选（　）图

0.95 选（　）图

1.7 选（　）图

这是一道开放创新题，教师整合了教材中的有关"给图写小数、给小数涂图"的练习题型，将教材中三个知识点（小数的意义、计数单位、进率）的考查进行了有机结合，融会贯通。反馈评价时，教师要逐一呈现上述三个小数，展示学生的选择结果，阶梯递进，以满足不同层次学生的学习需求。该练习的设计在尊重学习个性化的同时，实现解题策略的多样性、灵活性。练习评价的方式也由单一评价转向多元评价，每一位学生都能选择适切的问题，满足自主学习的需求，实现知识本位转向学生本位。这道练习题的评价目的是，我们不仅要关注作业结果的正确与否，更要关注学生在完成作业的思维过程、方法的多样和思考过程中体现的学习态度。

优化课堂练习，不仅能够加深学生对概念的本质的理解和掌握，而且能够培养学生的发散思维和创新意识。创新作业评价，可以让评价方式更加立体、多元、充满温度和人文关怀，有助于促进学生思维的成长和发展。

综上所述，在"双减"背景和新课程理念下，"格数致智"的课堂教学是一种基于数学学科和儿童学习立场的教学主张，也是构建促进儿童数学思维成长的课堂实践。我们需要秉持"让数生根"的知识建构理念，不断地探究数学本质，深化数学理解；我们需要设计引发启疑、对质、思辨、反思等数学思维活动，践行"发展思维"的数学素养目标；我们需要引导学生在探究体验的过程中，养成正确的价值观、关键能力和必备品格，形成"人生智慧"，为学生的终身学习和未来发展奠定基础。

设计核心问题，进行问题引领

"为思维而教"这句话在一定程度上揭示了数学教育的本真意义，而以核心素养发展为指向的课堂教学，应该突出"思维素养"目标。适当的"问题引领"正是我们实现上述目标最重要的一条途径。

问题引领，主要是指教学中教师通过设计适当的问题，引发学生积极思考，主动探究知识的本质，达到对知识的深刻理解，并将学生的思维逐渐引向深入。问题引领，是数学教学的关键，能够实现教师与学生的"双主体性"——教师主导作用的"引"和学生主体地位的"思"，从而实现教与学的辩证统一，有助于思维素养的落地生根。

当然，问题引领的数学课堂教学，尤其重视核心问题的提炼与设计。那么什么是核心问题？为了给学生提供充分独立思考和主动探究的空间，我们应设计少而精的"引领性问题"，设计具有一定的开放性或自由度的问题，这就是我们称为的"核心问题"。

核心问题最具思维价值，更有利于学生思考，最能揭示数学的本质内涵，能够驱动学生积极主动思考，获得各种有价值的体验和感悟。由此可见，核心问题具有一定的统领性、探究性、生长力和自由度。下面结合课堂教学实践，就如何设计核心问题进行问题引领，做一些探索与思考。

一、关注知识的本质，设计核心问题

核心问题的设计应基于对数学知识内容的整体把握。教师在实施教学前，应该深度解读教材，了解知识的内涵与外延，准确把握知识的本相与本源，提炼设计出核心问题。所以设计学习活动时，应引发学生积极思考，使学生深入理解数学知识内容，达到对知识的掌握，走进知识的内核，能够做到"知其然，知其所以然"。

在教学"集合"一课时，紧紧围绕"为什么重复的人数要减去？"这一核心问题展开教学。首先，尊重认知经验，创设有趣问题情境——报名参加比赛，名单有重复，实现教学情境和内容的结构化；接着，以问题为驱动，进行问题引领，"名单重复怎么办？怎样设计名单更清晰？为什么重复的人数要减去？该怎样列式计算？"不断地引发认知冲突；然后，设计不同层次的探究活动和多重体验，理解"为什么重复的人数要减去"的道理，并触及知识的本源问题，凸显集合概念的本质——两个集合的并集，是一个新的集合，其中元素不允许重复，所以要减去。

二、关注知识的形成，设计核心问题

弗赖登塔尔认为：数学学习要进行"数学化"。这个"化"的过程必须由学生经历知识的探索过程，让学生在知识的形成过程中理解和掌握数学知识，发展数学能力。因此，设计核心问题，要关注知识的形成过程，让学生主动完成"数学化"的过程，以培养学生自己获取数学知识的能力，进而建构他们自己的数学。

例如，在教学"三角形的内角和"时，设计核心问题"是不是任意一个三角形的内角和都是180°"，引导学生进行不同形式、不同层次的探究体验活动。

探究一：测量角度，出现误差——与已有猜想冲突，结论不能确定。

探究二：动手撕拼（折叠），直观演示——形象感知内角和是180°，但实验操作有局限，结论不能确定。

探究三：证明计算，推理思考——将两个完全一样的直角三角形转化为长方形，再将锐（钝）角三角形作高转化为直角三角形（如图），分别计算出内角和，至此完全确定结论。

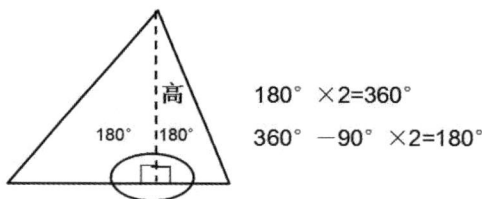

180°×2=360°

360°−90°×2=180°

在核心问题的引领下，通过问题串"测量方法有误差，还有别的方法吗？剪拼的方法是不是最好的呢？是不是所有锐角三角形、钝角三角形都能转化为直角三角形计算？"引导学生经历和体验三种不同层次的探究三角形内角和的形成过程，能够对测量和操作结果进行理性分析，并寻求更为严谨的推理计算，帮助学生学会更深入、更全面地思考和分析问题，达到对知识的深刻理解。

三、关注知识的结构，设计核心问题

新课程标准强调，在教学中要重视对教学内容的整体分析，让零散的、孤立的知识通过关联建立联系，建立有意义的、结构化的知识体系，促使学生更好地理解与掌握知识。因此，教学中教师要以整体的视角聚焦结构化教学，精心设计核心问题，进行问题引领，促使学生在观察、思考、表达、归纳中经历知识的探索过程，并将新知融入已有的知识结构，进而不断地发展和完善自己的知识结构。

例如：在教学"认识几分之一"时，教师抓住对核心知识"$\frac{1}{2}$"的理解进行突破，并设计核心问题"$\frac{1}{2}$是怎样产生的？它表示什么意义"，以此进行问题引领"你能说出$\frac{1}{2}$每一部分表示的意义吗?""为什么分的物品不一样,都能用$\frac{1}{2}$表示?"在创作"$\frac{1}{4}$"的过程中,教师引导学生再次思考关键问题:"为什么图形的形状不同,物品的数量也不同,都能用$\frac{1}{4}$来表示?"最终,学生在层层设疑、联系对比中,经历"几分之一"的建构过程,抽象概括出"几分之一"的知识结构(如图);同时,加深对"几分之一"的意义理解和整体认知,促进学生认知结构的深化。

| 平均分 | → | 一共分成几份 | → | 表示其中一份 | → | $\frac{1}{\square}$ |

四、关注知识的联系,设计核心问题

数学是一门系统性、逻辑性很强的学科,知识之间有着密切的内在联系。数学学习既要纵向沟通,也要横向透视,寻求数学知识的本质联系。数学教学要聚焦知识的结构与关联,帮助学生学会用整体的、联系的、发展的眼光分析问题。因此,提炼核心问题要注重指向知识联系,用问题引领学生,将零散的、割裂的知识进行联结,建构整体化的知识体系,发展学生的关联思维。

例如,在教学"长方体的体积"时,教师教授"用体积单位测量长方体或正方体的体积的重要性",让学生回忆以前是如何测量物体的长度、面积的,并设计核心问题:"有人说,长度、面积和体积的测量道理是一样的,为什么?"然后带领学生回顾用长度单位、面积单位测量图形周长与面积的过程与方法,由此及彼,进行勾连,剖析图形周长、面积、体积的本质意义——图形含有多少个测量单位的某种属性,而测量图形就是数一数、量一量有多少个这样的测量单位。

这一环节的教学,既能使学生感受到测量单位间的联系和规律,又能从测量的本源引导学生理解问题,使学生意识到数学知识联系的意蕴与价值。这样一来,知识的学习达到了结构化、系统化,思维也就变得更全面深刻。

当然，教师设计核心问题时需要基于对知识本质的理解与学生的具体学情来把握问题的广度和深度，并留给学生适当的思考与探究时间。除此之外，教师应设计适切的核心问题，引领学生深度参与，激发学生深度思考，促使学生深度探究，让学生领悟知识的本质。唯有如此，学生才能在深度学习中真正发展起来，数学教学也才会真正高效起来。

正如郑毓信教授在《数学教学的关键》一书中指出：新课程理念下的数学课堂教学关键之一就是"重视核心问题，进行问题引领"。通过核心问题的提炼加工，能使知识的学习不仅"有意义"而且"有意思"，从而对学生有更大的吸引力；通过设计"深入浅出"的"问题串"，实现"大问题引领，小问题推进"，引导学生进行深入思考。

总之，通过设计核心问题，进行问题引领，能够激发学生自主探究的意识，促使学生探究知识本质，建构知识关联，感悟思想方法，将思维引向深入，帮助他们由"学会数学地思维"过渡到"通过数学学会思维"，并努力提升他们的思维品质，由"理性思维"逐步走向"理性精神"。

结构化，让学习更具力量

《义务教育数学课程标准（2022年版）》强调：数学教学要"设计体现结构化特征的课程内容"，"探索发展学生核心素养的路径"；要"重视对教学内容的整体分析，帮助学生建立能体现数学学科本质、对未来学习有支撑意义的结构化的数学知识体系"。

毋庸讳言，我们的课堂教学正面临着一个巨大的挑战，那就是碎片化的教与学。大量事实表明，沉溺于碎片化的学习，不利于学生进行深度思考。对教学而言，结构化教学正是我们急需的一种应对利器。

结构化教学要求我们，一方面要关注数学知识的产生与来源、结构与关联、价值与意义，另一方面要强化对数学本质的理解，关注数学概念的现实背景、原则及法则之间的联系，建立有意义的知识结构。

下面从两个方面阐释结构化教学的意义和实施策略。

一、为什么要进行结构化教学

布鲁纳认为，任何一门学科都有它的基本的知识结构。学生学习的主要任务是掌握该门学科基本的知识结构，在头脑中形成相应的知识体系或编码系统。

首先，知识结构本身决定了我们不可能将零散的、孤立的知识教给学生。我们需要研究每一个知识点与整体知识结构的关系及相互作用，研究已有知识怎样成为后续知识的基础，从中悟出科学的方法。这就决定了我们的教学着眼点绝非单纯地传授知识，而应把方法教学寓于学习知识之中，因此关注知识结构和联结尤为重要。

其次，教学不能逐个地教给学生每个事物，最重要的是使学生获得一套具有概括性的基本原理或思想。这些原理或思想构成了理解事物的最佳的认知结构。这决定了我们的教学任务就是让学生形成认知结构，建立对未来学习有支撑意义的结构化的数学知识体系。

最为重要的是，结构化学习有利于激发学生的学习兴趣和促进学生智力的发展。如果知道了一门学科的基本结构或逻辑组织，学生就能理解这门学科；如果了解了基本概念和基本原理，学生就能把学习内容迁移到其他情境中去；如果教材的组织形式具有很强的内在知识结构性，将有助于学生记忆具体的知识细节；如果给学生提供适当的学习经验和对知识结构的合适的陈述，即便是低年级学生也能学习高年级的知识。

二、怎样进行结构化教学

掌握一门学科的基本结构，形成一门学科的基本观念，需要以发现的方式去学习。这句话对如何让结构化进入课堂提供了极好的建议。第一，重要的是寻求到能够使学生与知识发生作用的核心要素，如学生的先有概念、学习材料的选择、知识的结构、原理和思想、学习的策略等；第二，进行结构化教学，要求教师在基于学生认知经验的基础上，选择结构化的学习材料，设计引发学生思考的核心问题，引导学生经历知识的形成过程，关注知识本源、本相和蕴含的原理与思想，在自主建构中实现知识、方法、思维的结构化。

（一）关注知识的结构化

知识结构是知识要素之间以一定的联系构成的体系。好的知识结构可以简化知识，促进知识的迁移。这就要求教师要整体把握教学内容，整体设计教学活动，改变零散的、切片式的知识教学思路，关注知识的关联性和整体性。

比如，在教学"平均数"时，我们将重点放在平均数的统计意义上，即"为什么要学习平均数"和"平均数有什么用"，并从学生身边的真实情境出发——比较班级数学成绩，引导学生自主探究和掌握平均数的概念。

在教学中，首先，对比两个班级的总分，引导学生观察、思考、归纳出当两组数据个数不相等时，用平均数比较两个班级的整体水平比较公平，进而得出平均数的计算方法——总数÷个数=平均数，让平均数的统计意义和计算方法在学生心中油然而生。接着，在具体观察一个班的数学成绩时，教师引导学生发现平均数介于最大值和最小值之间、平均数不在班级成绩中、平均数会随任意一个分数改动而改变，让平均数的特征——趋中性、虚拟性、敏感性在学生心中喷薄而出。

通过观察班级数学成绩统计表这一简单的学习材料，将平均数的概念、意义、计算和特征（趋中性、虚拟性、敏感性）进行有机串联，"一网打尽"，实现学习知识的结构化，深化对平均数概念的整体把握，体现对"数据分析观念"的观照和落实。

因此，当教师注重强调知识体系的结构和连贯性时，学生才会对所学知识有结构化的、连贯性的认知，学习的迁移和理解才能得到发生或促进。

（二）关注材料的结构化

好的学习材料，应该承载着传递知识意义的功用，应该利于学生理解知识的本质，应该促发学生的思考、对质、争辩，激发学生的思维活力。结构化的学习材料就是一种好的学习材料，具有简约、有序、关联的特征，能够帮助教师上出富有思考价值的课。

比如，百数表、十进制模型、条形图、数直线、面积模型等，这些学习材料都是具有可视化、结构化的思维工具。它们能够帮助学生明晰和理解问题信息和意图，记录解决问题中的思考过程，向他人解释和交流想法，促进学生思维品质的有效提升。

比如,在数的认识与运算领域,数直线是非常重要的结构化数学模型,能够实现概念和运算之间的联系,帮助学生在情境、模型、计算、符号语言之间建立关系。在理解、推导乘法算法和算理时,面积模型也是一个重要的直观表示,用面积模型理解分数乘分数时,较其他学习材料具有更明显的优势。

比如,在理解两位数乘两位数时,我们可以选择面积模型。为了计算72×36,我们可以将乘法视为求长方形的面积,先将乘数进行位值分解,分别标记为边长的大小,那么长方形被划分为四个区域;接着,将各个数对应相乘,计算出每一部分的面积;然后,把各部分累加在一起得到最终计算结果(如图)。

	30	6
70	2100	420
2	60	12

这个面积模型通过行列的结构把彼此相等的数组自然地组织起来,能直观地展示交换律和分配律(这在数直线上是做不到的)。这个面积模型还成功地与"标准"的乘法算法联系在一起,可以帮助学生很好地记录计算的过程,将对乘法概念的理解和对算式法则的掌握有机联系,同时也与后继的知识(如分数乘法和代数式的乘法等)建立联系。

(三)关注思维的结构化

人的思考本身就具有某种结构,因此我们要潜移默化地学会从结构的角度来审视问题。因为从结构视角审视问题,容易把握知识的本质。如果我们能够透过结构看问题就可以分清层次,居高临下,迅速地了解知识的全貌、本质、内外联系,进而做出正确的判断、决策,把问题顺利解决,使学习走向深刻。

在设计"认识小数"一课时,我们最初的设计意图就是如何"老课新上",让简单的知识学习赋予丰富的思想方法和内涵,让学习由简单走向深刻。于是,我们创新学习路径,决定从知识、学材、情境、方法等结构化的角度重新设计本节课,并取得很好的课堂教学效果。

首先,针对课题,学生自主提出以下问题:"小数是什么样的(构成)?怎样读写?表示什么(意义)?有什么作用?怎样产生的?"然后,教师逐一板贴,形成本节课的问题串,引导学生带着这些问题认识小数。最后,在回顾反思环节,让学生对知识进行梳理,将上述问题的板贴放在相应的知识点处,形成结构化的板书,将知识、方法、思维的结构进行可视化的呈现,加深学生对数的概念的深刻理解。这种对数的概念学习所渗透的结构化的思考方法,会迁移到分数、百分数、负数乃至无理数、复数的学习中,帮助学生建立对未来学习有支撑意义的结构化的数学知识体系。

再如,在解决有关规律的问题时,我们可以经常引导学生从以下三个层面进行思考:这些问题中,你发现什么规律?为什么会有这样的规律?这个规律一定成立吗?什么时候会成立?在解决这些问题的过程中,不仅可以培养学生归纳概括的能力、分析问题和解决问题的能力,而且更为重要的是,能够培养学生结构化的数学思维与方法。

当知识具有结构时,才更有力量。结构化,有利于提升学生的数学认知结构品质,使之具有简约性,从而提高学生对数学知识的迁移能力;结构化,能够使数学知识具有自我生长的活力,在新的情境中生成新的数学知识、新的数学方法和新的数学思想。

老子曰:"夫物芸芸,各复归其根。"结构就是芸芸万象背后的根,透过结构看问题,就是抓住问题的根本。在今天这个信息相对过剩、注意力相对稀缺的时代,结构化的思考、系统的表达,能让我们面对问题时更有思路,解决问题时更有章法,让我们眼里的世界更有秩序,让思维向深处漫溯,驶向更远的彼岸。

对质思辨，让数学课堂绽放思维的火花

对质思辨的数学课堂，旨在重视培养学生掌握知识技能的同时，更加重视学生数学思维的培养。在课堂上提倡互动思辨、质疑问难，不仅能激发起学生探究的兴趣，调动学生积极思考，还能让学生明晰数学概念的内涵，触摸到数学的本质，发展思维。对质思辨的数学课堂，更丰盈灵动，更具活力，更加精彩。

一、在对质思辨中明晰概念内涵

数学概念是学生学习数学知识的基础，是判断和推理的起点，同时也是培养学生数学能力、发展数学思维的重要载体。因此，对于数学概念的教学，要紧扣概念的本质内涵，引导学生动手操作、直观想象、对质思辨，抽象概念背后隐含的深刻道理，使无形的概念看得见、理得清、说得明，从而让概念学习更加明晰、通透。

例如，在教学"小数的认识"一课时，我们设计以下教学环节。

师：刚才我们借助元角分和米尺认识了小数，如果不借助元角分和米尺，你还能找到小数吗？（课件出示线段）这里有一条线段，你能在这条线段上找到零点几吗？

生1：我找到了0.6。我把这条线段平均分成10份，找出其中的6份就是0.6。因为十分之几可以表示成零点几，零点几也可以表示成十分之几。

师：你们把刚才的经验迁移到这里了，会观察还会学习，真厉害！那么其中的一份就是？（0.1）

师：0.6 里面有几个 0.1 呢？是多少？

生 3：因为它有 6 个 0.1，所以是 0.6。

师：0.9 里面有几个 0.1 呢？

生 4：0.9 里有 9 个 1 份，所以有 9 个 0.1。

师：0.9 里面加 1 份呢？

生 5：0.9 再加 1 份是 10 份，10 份就是整条线段，就是 1。

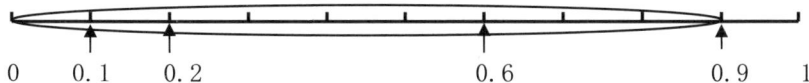

0 0.1 0.2 0.6 0.9 1

学生通过观察、比较、讨论，发现小数的本质意义是把一个计量单位平均分成 10 份，其中的 1 份或者几份可以用十分之几和零点几来表示，进一步感知小数就是十进制分数的另外一种表现形式。学生在标识 0.1，0.2，0.6，0.9 的过程中，又发现 0.2 里面有 2 个 0.1，0.6 里面有 6 个 0.1，0.9 里面有 9 个 0.1，潜移默化中感悟小数计数单位的内涵——小数可以通过数 0.1 得出来。在充分感知、比较、质疑、思辨的基础上，学生水到渠成地剥离具体的"量"而抽象到对"数"的认识，即从概念的内涵去触摸小数的本质。由此，学生对小数的认识更加清晰和深刻，这样的课堂学习更深入，更精彩。

二、在对质思辨中挖掘数学本质

在教学人教版数学五年级下册"3 的倍数的特征"一节时，学生经历了"提出猜想—举例验证—得出结论"之后，对于 3 的倍数的特征有了初步的认识，但对"为什么各个数位上的数字相加的和是 3 的倍数，这个数就是 3 的倍数？"这一本源问题一无所知。为此，我们重新设计教学，引导学生思考、辨析，促使学生的认识由表及里，深刻理解 3 的倍数的特征的本质。

师：我们了解了 3 的倍数的特征，你们还有什么疑问吗？

生1：为什么判断3的倍数就要把各个数位上的数字相加呢？

师：同学们，你们想一想其中是否蕴含着一定的道理？我们能够透过表象看到它的本质吗？

生2：其实判断3的倍数的特征也可以用数的组成来思考。比如15=10+5，还可以写成15=1×10+5，其中1×10表示1个十，10除以3余1，1与5相加的和6，可以被3整除。

生3：我有不同的想法。我可以把10写成9+1，就是15=1×10+5=1×（9+1）+5=9+（1+5），后面的1+5正好是3的倍数，也是十位上与个位上的数字的和。

生4：我明白他的意思了。前面1×9是3的倍数，只要判断1+5是不是3的倍数就可以了，而1+5正好是十位上与个位上的数字的和。

师：你们很会分析总结，真棒！那么按照这个方式思考，65，147，249是不是3的倍数？你们能不能解释为什么只要判断各个数位上的数字之和是否是3的倍数就可以了呢？

学生思考后继续交流。

生5：65=6×10+5=6×（9+1）+5=6×9+6+5，其中6×9是3的倍数，只要判断6+5的和是不是3的倍数就可以了，而6+5正好是十位上与个位上的数字的和，但和为11，不是3的倍数，故65不是3的倍数。

当学生只关注被3整除的数的特征这一表面现象，而忽略了现象背后的知识本质时，说明其思考还停留在表层上。因此，教师要引导学生利用数的组成分析3的倍数的规律。在尝试、发现、比较、讨论、辨析中，学生发现只要先把自然数分解成几个百、几个十和几个一的和，再将几个百分解成几个99和几个一之和、几个十分解成几个9和几个一之和，就可以进一步重新组合，写成9的倍数与百位、十位、个位上数的和的情况，这样只要判断各个数位上的数字的和是不是3的倍数就可以了。通过对质思辨，被3整除的数的特征背后的道理和本质就越来越清晰。

学生在尝试发现、思考表达、概括归纳中，思维相互碰撞，想法纷呈不断。针对不同的想法，大家对质辨析，互为补充修正，不断地触摸到了数学规则表面之后的本质，数学知识学习也由表象走向实质，由浅表走向深刻。

三、在对质思辨中关注结构联结

《义务教育教学课程标准（2022年版）》在"课程实施"中指出：数学教学要"设计体现结构化特征的课程内容"，"探索发展学生核心素养的路径"；要"重视对教学内容的整体分析，帮助学生建立能体现数学学科本质、对未来学习有支撑意义的结构化的数学知识体系"。因此，教师要善于发现和组织结构性、系统性较强的数学问题，让学生在学习的过程中主动发现知识结构，构建完整的知识体系，培养学生结构化思维。

在学习"公顷和平方千米"一课时，课堂教学片段如下：

教师先引导学生回顾："我们以前学习了哪些面积单位？它们之间的进率分别是多少？"

同学们思考后总结：平方厘米，平方分米，平方米，公顷和平方千米。$1\,dm^2=100\,cm^2$，$1\,m^2=100\,dm^2$，$1\,hm^2=10000\,m^2$，$1\,km^2=100\,hm^2$。

师："你们观察一下，有什么发现？"

生1："为什么有平方米、平方千米，怎么没有平方十米和平方百米呢？"

师："学生提的这个问题很好，大家想想为什么呢？"

生2："$1\,hm^2=10000\,m^2$，也就相当于1平方百米了。"

生2继续解释道："如果1公顷是1平方百米，那么我觉得1平方十米就相当于100平方米。"

"那么我们为什么没有学习过平方十米呢？"又一名学生质疑道。

这时，同学们陷入了沉思，过了一会儿，一名学生说："我觉得没有这个必要学习1平方十米。比如现实生活中一套房子大概100 m^2，这样说我们很容易感知它的大小，就没有必要再说成1平方十米了。"

"我同意他的观点，因为公顷和平方千米这两个面积单位较大，有产生的必要，而平方十米这个面积单位较小，完全可以直接换算成平方米，没有产生的必要。"又一名学生补充道。

本环节，在与他人、与知识的对质思辨中，学生发现：如果引入"平方十米"这一面积单位，那么平方米、平方十米、公顷和平方千米每相邻两个单位之间的进率都是100，就构建出结构整齐划一、完美无缺的面积单位系统。但通过又一轮思辨后，学生发现"平方十米"在实际生活中存在的意义和价值并不大，意识到数学知识应让位于生活价值，应该舍"平方十米"，继而培养了学生的理性精神。

通过一系列的思辨活动，学生不仅进一步深化对 $1\,km^2 = 1000000\,m^2$，$1\,hm^2 = 10000\,m^2$，也就是对1平方千米、1公顷本质意义的理解，而且打通了面积单位之间的进率关系，使得知识的呈现更加合理化、系统化，而这种结构化的认知方式将会印在学生的脑海中。

四、在对质思辨中发展思维品质

数学教学不仅要重视知识技能的获得，更要重视学生思维的激活、引导、提升和发展。在数学学习中，学生的数学思维越活跃、越积极、越缜密，数学学习效果越好。在充满对质思辨的课堂中，学生的思维火花会被点燃，思维空间会得到拓展，思维能力会得到提升。

例如，在教学人教版数学四年级下册"平均数"一课时，教师往往过于强调平均数的计算方法而忽略了其统计学意义。为此，教师在教学时可以进行如下的设计，对"平均数"抽丝剥茧，加深学生对平均数统计意义的理解，从而培养学生思维的深刻性。比如，学生计算出男生队踢毽的平均数17后，教师组织学生讨论交流。

师：这里的平均数17是什么意思？你是怎么理解17的？

生1：我觉得17可表示男生队每人都踢了相同的个数，但是，实际上不是每人都踢了17个，而是我们计算出来的平均数。

师：这个平均数17并不一定是一个真实存在的数字，也可能是一个虚拟的数。

生2：我觉得这里的17是男生队的平均数，是男生队平均每人踢的个数。

师：17是男生队踢毽的平均数，它可以代表男生队队员踢毽的整体水平吗？

生：可以。

生3：我发现男生队队员踢的个数有的比17多，有的比17少。

师：大家通过交流讨论，发现有的队员踢的比17个多，有的队员比17个少，即平均数17比最小的多，比最多的少，介于两者之间，我们说它具有趋中性。

师：请同学们想一想，有什么办法可以提高男生队的踢毽水平？

生4：孙勇踢得太少了，提高孙勇的踢毽个数，让他踢20个。

师：好的，就按你说的办，这时男生队的平均个数是多少？

学生计算：（19+15+16+20+20）÷5=18（个）。

师：平均数确实提高了。

师：提高王小飞的踢毽个数行吗？提高谢明明的踢毽个数行吗？

生5：行，任何一个人的个数提高都可以提高平均数。

师：看来这一组数据中任何一个数字变化都会影响平均数，这就是平均数的又一个重要特征——敏感性。

在这个教学环节中，教师巧妙地设计问题串，对平均数进行深入的挖掘，引导学生从多角度理解平均数，让知识学习从直观感知走向了理性判断。在一系列问题的思考与讨论中，学生不仅自然而然地切身感受到平均数的虚拟性、趋中性和敏感性，而且深刻地理解了平均数的统计学意义，完善和丰富了认知结构。这样设计教学活动，使得学生对平均数的认识更加全面，更加立体，更加丰富，也更深层次地发展了学生的数学思维。

总之，在数学课堂中，对质思辨是引发学生数学思考和促进学生建构数学知识的重要方式，也是数学教学的价值取向——培养学生的质疑精神和批判性思维。因此，在教学中，教师要有意识地利用教学内容、学习材料、学习任务等进行教学设计，启迪、引导学生进行思考辨析，以思促辨，以辨明思，共同助推数学学习的不断深入，让数学课堂处处绽放思维的火花。

数学学习要根植于数学思想

什么是数学思想？从数学教育角度来讲，数学思想是一种较高层次的理性认识，是对数学知识本质和方法的抽象和概括，是数学知识的"质"与"核"，是数学知识迁移的基础与源泉，是沟通数学各分支间联系的桥梁与纽带，具有举一纲而万目张的作用。

《义务教育数学课程标准（2022年版）》在"总目标"中指出："通过义务教育阶段的数学学习，学生逐步会用数学的眼光观察现实世界，会用数学的思维思考现实世界，会用数学的语言表达现实世界（简称'三会'）。"其中数学的眼光、数学的思维、数学的语言分别是指数学抽象、数学推理、数学模型。抽象、推理、模型既是数学的最基本的三种思想，又是数学核心素养的核心要素。新课程标准还从课程内容选择、教学活动设计、教学评价维度等多个方面，阐述数学学习中挖掘和承载、体验和感悟、提炼和运用数学思想的意义与价值。

由此可见，数学思想既是数学活动的基本形式，也是形成核心素养的精髓。了解和掌握基本数学思想是数学学习的基础。所以在实际课堂教学中，我们要以数学思想引领教学目标，以数学思想引发数学思考，以数学思想引导监控反思，让数学思想根植于数学学习之中，让数学学习彰显数学思想的力量。

一、在数学知识的形成中触及数学思想

数学知识是数学思想的基础和载体，没有数学知识做基础，数学思想就没有根植的土壤，渗透和感悟数学思想就无从谈起。反之，数学思想方法会加深学生对知识的理解和掌握，有利于知识的迁移，固着新的知识点，有利于将零散的知识统整串联起来，形成紧凑的数学知识结构。

例如，在教学"平行四边形的面积"一课时，教师引导学生在经历推导平行四边形面积公式的过程中渗透和触及转化思想。首先，要让学生意识到当遇到新问题无法解决时，能否转化为学过的知识进行解决，从而使转化意识潜入头脑中。其次，利用"数方格"初次探究平行四边形的面积时，要引导学生理解图形面积测量的本质，就是计算图形含有多少个面积单位，理解平行四边形面积能否转化为计算（每行面积单位的个数×行数=平行四边形的面积），进而感悟蕴含的其他数学思想，比如推理思想、面积守恒思想、度量一致性思想等。接着，通过"数方格"和"剪拼"的方法推导平行四边形的面积公式，学生理解了平行四边形面积公式的本源——就是对"数"面积单位的一种优化，"底×高"就是从计数面积单位的个数过渡到计算平行四边形面积单位的个数，渗透着优化思想。同时，在"平行四边形"剪拼成"长方形"的过程中，教师要引导学生思考、分析"为什么要转化，为什么能转化，怎样转化"等转化的本源问题，真正体验和感悟转化思想的意义和价值，让转化思想深深地根植于学生的心中。因此，学生能够将这种转化的思想方法有效地、自觉地迁移到对三角形、梯形、组合图形和不规则图形面积的学习中，实现知识的整体性和方法策略的一致性，从而形成结构化思维。

二、在数学策略的发现中感悟数学思想

数学策略是解决数学问题或数学地解决问题的规则和程序，具有明确性、具体性、操作性和可模仿性，是数学思想的具体化反映。数学思想是对数学

知识、方法、策略、规律的本质认识，具有概括性和一般性，多靠理解、感悟获得。

比如，有关"数的运算"的教学，我们要重视和发展四则运算的不同算法策略的培养——鼓励直观操作、呈现多种算法、提炼"标准"算法。理解和提炼"标准"算法的同时，让学生学会记录思考过程，进行数学语言表达，培养数学思维。

例如，在教学"加减法标准算法"时，我们可以鼓励学生发现多种算法策略：拆分策略、跳跃策略、补偿/抵消（凑整）策略等。如在运用拆分策略解决 458+321=? 的问题时，可以从 321 开始，将 321 拆分为 300+20+1，再依次算出 458+300+20+1。这里强调的是基于位值的分解，渗透着位值思想。

同时，我们要善于营造支持发现算法策略的环境，提供支持发现算法策略的材料模型（数线模型、面积模型、十进制模型等），感悟蕴含其中的数形结合、分合转化、推理、模型等数学思想。

在计算教学中，我们一直鼓励算法策略的多样化，也一直追求算法策略的优化——"标准"算法的理解和建构。值得一提的是，虽然学生对多种算法策略的理解有助于"标准"算法教学的顺利进行，但这并不表示学生都能够主动发现、理解和解释"标准"算法。因此，教师要帮助学生理解"标准"算法是怎么做的，为什么能这么算，好处在哪里，然后引导学生借助直观模型演示计算的过程，运用符号进行书面记录，建立直观操作、概念重组、算法理解、语言表达之间的联系，让"寓理于算"的数学思想根植于数的运算学习中。

正如张景中院士所说：推理是抽象的计算，计算是具体的推理，图形是计算和推理直观的模型。可见，"寓理于算"的数学思想很重要，我们要予以足够的重视。

三、在问题解决的探索中体验数学思想

德国数学家希尔伯特说：问题是数学的心脏，方法是数学的行为，思想

是数学的灵魂。因此，解决问题是发展数学思想的有效载体。在实际教学中，教师要引导学生经历问题解决的过程，鼓励学生采用多种思想和方法。

《义务教育数学课程标准（2022年版）》指出："课程目标以学生发展为本，以核心素养为导向，进一步强调使学生获得数学基础知识、基本技能、基本思想和基本活动经验的获得与发展，发展运用数学知识和方法发现、提出、分析和解决问题的能力，形成正确的情感、态度和价值观。"在问题解决的探索过程中，要引导学生在发现问题、提出问题的同时，会用数学的眼光观察现实世界；在分析问题的同时，会用数学的思维思考现实世界；在解决问题的同时，体会和运用数学方法，会用数学的语言表达现实世界。

比如，在教学"集合"一课时，教师引导学生"创造"韦恩图的过程中，处处渗透着数学思想。针对教材中的探究问题，重新设计名单，把重复的分开，渗透着分类思想和方法，这也是集合理论的基础；从连线、画圈、标符号到最后韦恩图的成形，让学生不断地感受符号意识；韦恩图对比其他名单呈现方式，形式更简洁、直观，内涵更丰富、深刻，是表述集合重复问题的最佳方案，体现优化思想。利用韦恩图解决问题，教师呈现不同的算法，学生解释其中的道理，并归纳概括四种算式的特点，使得数形结合思想、模型意识、集合思想得到进一步渗透。

授人以鱼，不如授人以渔。显然，真正能够起到思维训练作用的是数学思想方法，而不是具体的题材，教师要及时强调思想方法，并尽快使之明确。因此，在问题解决的数学学习中，教师要引导学生体会和运用数学思想方法，学会用数学概念、原理、思想和方法去思考问题和解决问题，从而提升学生的数学思考力，形成良好的思维品质。

四、在回顾总结的反思中提炼数学思想

千金难买回头看。新课结束前，教师要以数学思想来引导学生对所学知识进行回顾、反思，帮助学生理清学习新知识的重点、难点、关键点，辅以结构化的板书，加深理解，使之显性化、明朗化。因此，学生要在自我监控

和反思中，把经历变成经验，把思想化为素养。

以"平行四边形的面积"一课为例，教师要有意识地用转化思想引导学生回顾平行四边形面积公式的推导过程。这种转化可以通过以下提问方式得以实现。

（1）本节课，你经历了怎样的学习过程？

（2）遇到问题，你是通过什么方法解决的？它还能解决什么问题？

（3）你还有需要进一步解决的问题吗？这种思想方法对后继学习有什么作用？

通过上述提问，学生对转化思想的认识会有更深的体验和感悟。教师适当地介绍总结转化思想，可让学生有意识地利用转化思想对后继三角形、梯形的面积进行探索，感受转化思想的应用价值。

这种提问式的总结直接指向数学学习的过程与方法，关注数学活动经验的积累，是数学思想方法的提炼和内化，而非仅仅关注数学的知识与技能。通过这样的问题进行回顾、总结、提炼，能够使数学学习活动更加生动活泼，使数学课堂充满数学思想方法的氛围。

一堂好的课往往思维过程新，思想性高，学生参与活动的深度和广度好。教师要关注数学思想，给学生一个有"根"的数学；要"居高临下"，用数学思想统领数学学习，使数学课堂走向深刻。因为有思想深度的课，才会给学生留下长久的心灵激荡，才会让学生对知识有深刻的理解，即使以后忘记了具体的知识，思考问题的方法也会受益终身。

第二辑 // 课堂实践

影响学习的最重要因素是学生已经知道了什么，教师应当根据学生原有的知识状况进行教学。一要关注学生的认知经验，强化情境设计和设计合理问题，尤其是核心问题的设计，然后进行问题引领。二要将学习的主动权交给学生，给学生充足的探究时间和空间，让他们深刻经历学习的过程，自主建构知识的意义。

构建思维成长的数学课堂，需要设计"任务—情境—问题—探究—提炼—反馈"的教学路径和遵循"启疑—对质—思辨—反思—内化"的学生思维进阶的规律。关注认知经验，进行学前检测；设计核心问题，进行问题引领；选择结构化的学材和内容，进行结构化学习；引导学生回顾反思，感悟和提炼思想方法；关注过程与方法，优化课堂练习……都是我们在思维成长的数学课堂中努力践行的新路径、新样态。

问题引领，多元表征，让思维成长可视

——"认识几分之一"的教学实践和思考

一、教前慎思

（一）课堂应该呈现怎样的新样态

"认识几分之一"是人教版数学教材三年级上册"分数的初步认识"的第一课时，教材编排意图是从学生熟悉并感兴趣的生活经验出发，结合具体情境和直观操作，使学生初步建立"几分之一"的概念，理解"几分之一"的意义，体会学习分数的必要性。本节课既是学习分数的"种子课"，也是备受青睐的经典课。"双减"背景和新课程理念下，课堂教学呼吁呈现新的教学样态和学习路径，要强化情境设计与问题提出，引发学生积极独立思考；要注重学习的结构化，关注知识的本质、本源和联结；要提炼思想方法，发展学生思维，形成核心素养。因此，教师要让"经典课例"赋值新的课程理念，让"种子课"充满"思维成长"的力量。

（二）如何让学生的思维成长看得见

让学生思维成长看得见，其实就是实现思维的可视化。如果教师不仅想知道学生知道什么，还想知道他们是如何知道的，就要让他们的思维可视化。问题引领，多元表征，应该作为实施思维可视化的重要策略。设计核心问题，进行问题引领，引导学生学会用数学的眼光去寻找数学问题，学会用数学的思维思考分析问题；多元表征，进行意义建构，引导学生经历数学化的学习过程，学会用数学的语言归纳、概括和表达，在符号和活动的互译中建构概念，实现让教师看见学生思维成长的过程。"双减"背景下，提高作业设计能力，关注考查知识的概念本质、过程与方法，让学生的思维可视化也是一种有效的形成性评价方式。

基于以上思考，我们学校教研团队反复研讨确定了教学方向，即基于学生的认知经验出发，进行问题引领、多元建构概念和创新作业设计，期待促进学生的思维成长可见。

二、教学实践

（一）创设情境，提出问题

师（出示情境图）：同学们喜欢秋游吗？明明和丽丽一起去郊外野餐，两人共带了4个苹果、2瓶矿泉水和1个月饼，要想平均分享这些食物，应该怎么做呢？

生1：4个苹果平均分，每人分得2个，列式是：4÷2=2（个）。

生2：2瓶矿泉水平均分，每人分得1瓶，列式是：2÷2=1（瓶）。

生3：1个月饼分给两人，平均每人分得半个，列式：1÷2=？

生3犹豫不决。

师：在数学上，像这样每份分得同样多的分法叫——平均分。

师（出示标注"0"点的数轴）：下面我们借助数轴理解分的结果，你能在这条数轴上找到数字"2"和数字"1"吗？

学生在数轴上分别标出"2"和"1"。

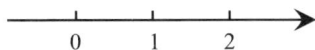

$$\xrightarrow{\quad | \quad | \quad | \quad}$$
$$\ \ 0 \quad 1 \quad 2$$

师：1个月饼平均分给每人半个，你能在这条数轴上找到半个吗？

生：它应该在0和1之间。

师：半个能用我们上面的整数来表示吗？（不能。）

师：看来用以前学过的整数不能表示半个，今天这节课我们就一起研究怎么用数学方法、数学符号来表示半个。（板书课题：分数的初步认识）

师：看到课题，你想研究分数的哪些知识？

学生分别提出：分数是什么样的？分数是怎么产生的？分数表示什么意义？教师引导学生带着这些问题研究分数。

[设计意图：通过熟悉的分食物的活动，学生经历平均分的过程，并将分的结果在数轴上表示出来。这样设计教学，可引发学生强烈的认知冲突——半个无法用以前的整数表示，从而激发学生的探究欲望；同时打通分数、整数知识的关联，感悟数学知识的结构化——分数也是可数、可比、可计算的。]

（二）动手操作，探究新知

1.产生 $\frac{1}{2}$。

师：刚才我们把1个月饼平均分成了2份，每一份都是半个，这半个月饼可以用什么数表示？

师：有的同学说用分数"二分之一"来表示，谁上来写一写？

学生在黑板上呈现如下写法：$\frac{1}{2}$，$\frac{2}{1}$，1|2。

师：同学们的写法都很有创造性。其实在数学上，我们约定"二分之一"的写法就像第一位同学写的那样。你会读这个分数吗？（板书：$\frac{1}{2}$）

学生试读，师板贴：读作"二分之一"。

师：那么，$\frac{1}{2}$ 这个分数究竟是怎么产生的呢？它表示什么意义呢？这里每人都有一张圆形的纸片，可以代表一个月饼。请同学们折一折、画一画，说一说"二分之一"所表示的意思。

生（边演示边说）：把这个圆片对折，分成了两半，每一半就是二分之一。

师：为什么要对折？

生：对折就是把这个月饼平均分成2份。（师板贴：平均分）

师：其中的一半又是什么意思呢？

生：就是这2份中的1份，也就是这个月饼的二分之一。

教师引导学生继续完整地说出 $\frac{1}{2}$ 表示的意义：把一个月饼平均分成2份，每1份都是它的二分之一。

2.认识 $\frac{1}{2}$ 。

师：结合我们折出 $\frac{1}{2}$ 的过程，你能说说分数每一部分表示的意思吗？

教师同步介绍：这里的"2"我们称作"分母"，它表示？

生：表示总共分成2份。

师：这里的"1"我们称作"分子"，它表示？

生：表示这样的1份。

师：中间这条横线，我们称作"分数线"，它表示？

生：表示平均分。

师：同学们回答得都很好。是的，"分数线"表示把月饼平均分，"分母"表示一共分成的份数，"分子"表示这样的几份。在写 $\frac{1}{2}$ 时，我们不仅感受到分的过程，同时也记录了分的结果。这就是数学的魅力。

师：我们刚才通过平均分找到一个月饼的 $\frac{1}{2}$ ，也找到一个圆形纸片的 $\frac{1}{2}$ 。如果平均分的不是一个月饼，而是一个蛋糕呢？

生：其中的1份也是 $\frac{1}{2}$ 。

师：如果是一个长方形呢？

生：把它平均分成2份，每一份都是它的 $\frac{1}{2}$ 。

师：为什么分的物品不一样，都可以用 $\frac{1}{2}$ 表示呢？

生：因为都是把这些物品平均分成了2份，所以其中的1份就可以用$\frac{1}{2}$来表示。

[设计意图：每一个知识点都是在最基础的"元知识"上完成的。$\frac{1}{2}$就是这节课的元知识和核心知识。这里教师以问题为导向，引导学生采用独立尝试、动手操作、合作交流、质疑创造等多种数学体验活动。学生在经历数学知识的形成过程后，不仅丰富和加深了对$\frac{1}{2}$概念的理解和把握，而且尝试着用数学的眼光、数学的思维、数学的语言表达现实生活。]

（三）多元表征，建构新知

师：我们已经认识了$\frac{1}{2}$。除了$\frac{1}{2}$，你还想认识几分之一？

生：$\frac{1}{3}$，$\frac{1}{4}$，……

教师要求学生拿出学习单，独立创造出一个$\frac{1}{4}$，并提出活动要求。

课件出示：

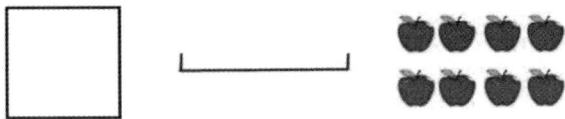

（1）分别画一画、标一标，圈一圈它们的$\frac{1}{4}$。

（2）和同桌说一说这些$\frac{1}{4}$表示的意思。

学生独立完成，教师巡视指导，同桌之间交流汇报。

生1：我画的是正方形的两条对角线，就把正方形平均分成了4份，每一份都是它的$\frac{1}{4}$。

生2：我画的是正方形的两条中线，也把正方形平均分成了4份，每一份都是它的$\frac{1}{4}$。

生3:我标出了这条线段的$\frac{1}{4}$。因为我量的线段长是4 cm,每1 cm长为一段,也把这条线段平均分成了4份,每一份都是它的$\frac{1}{4}$。

生4:我圈的是苹果,先把它平均分成4份,它的$\frac{1}{4}$就是其中的2个苹果。

师:比较上面的三个作品,为什么图形的形状不同,物品的数量也不同,却都能用$\frac{1}{4}$来表示呢?

生:我们发现,只要把1个图形或一些物品平均分成4份,其中的1份都可以用$\frac{1}{4}$来表示。

师:刚才我们一起研究了$\frac{1}{4}$,你还想认识几分之一,举例说明它表示的意义?

学生举例说明几个"几分之一"的意义。

[设计意图:教师应该呈现分数的不同模型(面积模型、长度模型、集合模型),引导学生从不同的角度表征和解释分数,这样有助于学生更好地理解分数。作为教师,除非看到学生能够运用这三种模型表示出$\frac{1}{4}$,否则很难知道学生是否真正理解几分之一的意义。教师要运用多种模型和情境进行多元表征,让学生在不同的操作活动中(画一画、标一标、圈一圈等)揭示分数的本质,内化分数的认识。]

(四)分层练习,深化理解

练习1.说一说下面图形的每一部分表示几分之一?

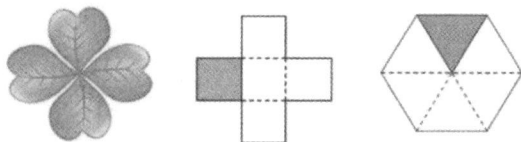

练习2.判断涂色部分表示的对吗？并说说你的理由。

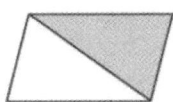 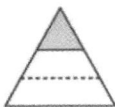 

$\dfrac{1}{2}$ （ ） $\dfrac{1}{3}$ （ ） $\dfrac{1}{4}$ （ ）

练习3.下面是三条长度分别相等的纸带，其中每一个涂色部分可以用几分之一表示？

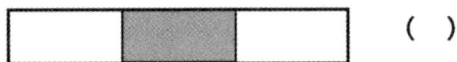 （ ）

 （ ）

 （ ）

师：观察这些涂色部分，你能表示出它们的大小吗？说说你的理由。

学生先独立完成，然后汇报结果：在宽相等的情况下，通过测量纸带的长度和每一个涂色部分的长度，比较得出每一个涂色部分分别占整个纸带的 $\dfrac{1}{3}$，$\dfrac{1}{4}$，$\dfrac{1}{6}$；或者通过观察，用涂色部分累加、铺满整个纸带，从而得出对应的几分之一。

师追问：你能比较出它们的大小吗？说说理由。

生1：这里 $\dfrac{1}{3} > \dfrac{1}{4} > \dfrac{1}{6}$，我发现，同样长的纸带，分的份数越多，每一份就越小。

生2：我发现分数的分母越大，分数越小；反过来，分数的分母小，分数越大。

师：是的，为什么分母越大，表示分数大小的涂色部分反而越小呢？

生3：分母表示把这条纸带平均分成了多少份。平均分的份数越多，其中的一份反而就越小。

[设计意图：练习设计由浅入深，从不同层次、不同角度检验学生对新知

的掌握程度，尤其练习3的设计，鼓励学生展开想象，勇于探索，有利于培养学生的实践运用、归纳概括和创新思维能力。]

（五）总结回顾，提炼方法

师：今天我们一起学习了分数，你对分数有了哪些认识？你是怎样得到几分之一的？

学生回顾学习收获，教师课件同步展示得到几分之一的过程和方法：

$$\boxed{\text{平均分}} \longrightarrow \boxed{\text{一共分成几份}} \longrightarrow \boxed{\text{表示其中一份}} \longrightarrow \frac{1}{\square}$$

三、教后感悟

本节课教师认真研读教材编排意图，理解教学内容在教材体系中的地位，把握数学知识的本质、思想和方法。基于学生的认知起点，教师设计核心问题，进行问题引领，引导学生在动手、动口、动脑中对质思辨；同时，在意义建构中，让学生经历数学观察、数学思考、数学表达等学习过程，实现思维成长的可视化，促进学习的深度发生。

（一）设计核心问题，进行问题引领

新课程标准指出：要强化情境设计和设计合理问题。在真实情境中提出能够直指知识本质并引发思考探究的数学问题——核心问题，能让学生的认知能力和心智水平得以提升，高级思维得到发展。教师抓住对核心知识"$\frac{1}{2}$"的理解进行突破，并设计核心问题"$\frac{1}{2}$这个分数究竟是怎么产生的？它表示什么意义呢"，然后进行问题引领："你能说出$\frac{1}{2}$每一部分表示的意义吗？为什么分的物品不一样，都能用$\frac{1}{2}$表示？"在创作"$\frac{1}{4}$"的过程中，引导学生再次思考关键问题："为什么图形的形状不同，物品的数量也不同，却都能用 $\frac{1}{4}$ 来表示呢？"学生在层层设疑、独立思考、释疑思辨中，不断地直抵分数知识的核心，加深对分数概念的意义理解，实现思维的进阶和关键能力的提升。

(二) 注重多元表征，促进意义建构

南京大学哲学系郑毓信教授指出：概念教学的一个主要目标是帮助学生建立概念的多元表征，并能根据情境与需要，在不同的表征之间做出灵活的转换。

在认识" $\frac{1}{4}$ "时，基于教材使用单一面积模型，我们创造性地引入了长度模型和集合模型，引导学生多层次、多维度地建构几分之一的概念。当学生能够运用这三种模型表示出 $\frac{1}{4}$ 时，他们才能真正理解分数的含义。在构建" $\frac{1}{2}$ "和" $\frac{1}{4}$ "概念的过程中，学生通过动手操作、比较辨析、语言表达等数学活动，实现了"实物表征—图像表征—语言表征—符号表征"的三次表征转化与提升，促进对概念理解的意义建构；同时，在发现中学会"再创造"，并获得成功的情感体验。

多元表征可以多层次抽象、多视角归纳、多维度建构数学概念，让学生的数学内在表征和数学思维过程可视可感。

(三) 让思维可视化，成为教学追求

在分数学习的过程中，使用可视化的学习材料尤为重要。因为实物模型有助于学生在头脑中建构抽象模型，从而真正理解分数。遗憾的是，在介绍分数模型时，教材可能受某些因素限制，往往只呈现面积模型，这种单一的模型使学生没有机会，也没有充足的时间将可视化的学习材料和相关的分数概念联系起来。比如，面积模型在理解分数的"部分—整体"意义时独具优势；而长度模型在理解分数的"度量""大小"时意义非常重要；运用集合模型时，引导学生用一条线圈起集合中的所有物品，帮助学生"看到"不一样的"整体"，提高学生抽象概括能力。

通过可视化的学习材料，设计核心问题进行问题引领，运用多元表征建构情境关联，我们就能够揭示学生的真实想法，理解学生的思考过程，有效地采取策略和方法，支持、促进和发展思维的可视化，使教学评一体化成为可能。

因此，基于学生的认知起点，创设真实的问题情境；设计核心问题，注重探索知识的本源、本质、结构和联系；优化作业设计，关注过程与方法的评价……致力于构建促进学生思维成长的数学课堂，应该是"双减"背景和新课程理念下所追求的教学新样态。

结构化，让学习走向深刻

——"小数的初步认识"的教学实践和思考

一、教前慎思，重找学习路径

之所以重找"认识小数"的学习路径，源于这是一节非常经典的认识数的课，也是许多一线老师不断演绎、不断创新的一节课。对于这节课，笔者现场聆听过许多次，也曾亲自实践和指导过。虽说每次观课、议课都受益匪浅，但总感觉这些课里隐隐约约存在着一些困惑和缺憾。

困惑一：学习"小数的读写"真的需要太多的课堂时间吗？学生的认知基础如何探测？

困惑二：按照人教版教材编排意图，小数的意义理解仅探究米尺材料，是否会形成认知的固化——认为小数就表示几点几米。多维表征和思维的进阶（具象—表象—抽象—概括）如何体现？

缺憾一：小数的产生源于精确的表达，能否向学生有所渗透？

缺憾二：小数的计数单位（0.1），能否让学生有所感悟？悟到哪里？度又如何把握？

缺憾三：如何落实新课程理念，实现教学内容的结构化，构建支撑未来学习的结构化的数学知识体系？

如何化解上述的困惑和缺憾？"对内容进行结构化整合，探索发展学生核心素养的路径"，这一新课程理念给我们提供了新的教学视角，让我们寻找出新的学习路径——结构化教学。

其一，体现研究认识数的方法的一致性，设计结构化问题序列，进行结构化学习；

其二，创设结构化的、连续的真实问题情境，借助人民币和米尺模型进行探究体验，感悟小数的产生和价值；

其三，利用结构化的学习材料，运用多元表征（人民币摆一摆、米尺画一画、数直线说一说）注重多层体验，理解小数的意义，感知计数单位0.1。

穿新鞋不走平常路。基于学生的生活和认知经验，尝试设计结构化的学习路径，期待能够让简单的知识上出富有思考价值的课，让数学思维点亮课堂。

二、课堂实践，学习真实发生

（一）揭示课题，问题导入

师：同学们，我们今天来学习一种新的数，知道是什么数吗？（手指课题）

生：小数。

师：关于小数你想了解什么？

生1：我想知道什么是小数。

生2：我想知道小数的意义是什么。

生3：我想知道小数是怎么读写的。

生4：我想知道小数有什么用。

师：同学们真爱动脑筋，提出了这么多想法，可真了不起！老师从你们的想法中发现，你们关心这几个问题：小数是什么样的？小数怎么读写？小数表示什么？小数有什么用？下面我们就带着这些问题一起来研究小数。

［设计意图：针对课题，学生自主提出问题，教师及时将有关"小数的认识"问题进行结构化整理：小数是什么样的？小数怎么读写？小数表示什么？

小数有什么用？并以此问题串为任务驱动，引导学习走向数学知识的本质。]

（二）多元表征，探究新知

1.课前调查收集，学习小数读写。

（1）写小数。

师：课前同学们收集了一些小数，小数是什么样的？你能把它们写出来吗？

教师请几个学生在黑板上写。

师：同学们真厉害，能写出这么多不同的小数。

师：看到你们写了这么多小数，老师也想写几个。

（2）认识小数点和各部分名称。

师：仔细观察这些小数，你能发现它们有什么共同特征吗？

生：都有一个小圆点。

师：同学们观察得真仔细，我们把小数中间靠下的这个小圆点叫做什么？

生：小数点。

师：同学们真是见多识广。可别小看这个小数点，它的作用可大了，把小数分成了两部分：左边是整数部分，右边是小数部分。（板贴：整数部分 小数点 小数部分）

（3）读小数。

师：我们写了这么多小数，你会读这些小数吗？

教师让几位同学试读上述几个小数。

师：读得真好。通过读小数，你们能发现小数的读法有什么规律吗？

生1：先读整数部分，再读小数点，最后读小数部分。

生2：整数都是直接读几十几，小数要读成"几十几点几几"。

教师以12.88为例，板书"读作'十二点八八'"，学生齐读该小数。

师：小数部分的读法和整数部分的读法一样吗？

小结：整数部分就像整数读法一样，小数部分按从左往右依次读出每个数位上的数字，就像读手机号码一样。

[设计意图:学情检测表明,关于小数的读写,学生已经积累了丰富的生活经验,绝大部分学生都能读写小数。此环节淡化小数的读写,将教学重点放在小数的构造和总结读法上,体现学习的自主性和有效性。]

2.借助多种模型,理解小数含义。

(1)借助人民币模型,初步理解小数含义。

师:同学们现在已经知道小数是什么样的了,也都会读写小数了,真了不起呀。那么小数到底表示什么?它有什么用呢?我们继续探索吧!

师(出示课件):"五一"假期,小华逛纪念品店时,准备买一支钢笔,可是价格标签模糊了,售货员阿姨说这支钢笔8元5角,那么8元5角的价格标签应该是多少元呢?同学们,你能解决这个问题吗?

生:8.5元。

师:那么你知道为什么是8.5元吗?整数部分"8"表示什么意义?小数部分"5"呢?

生:整数部分"8"表示8元,小数部分"5"表示5角,也就是0.5元。

师:说得真好,掌声送给他。为什么5角是0.5元呢?

教师板书:8元5角=8.5元?

很多学生表示困惑。

师:为了方便解决这个问题,我们请人民币来帮帮忙!

师:这是1元钱,你还记得1元等于多少角吗?(1元=10角。)

师:我们把1元钱平均分成了多少份?(10份。)

教师板贴1元和1角硬币模型。

师:我们可以说,1角是1元的十分之一,用分数表示是 $\frac{1}{10}$ 元,用小数表示是多少元呢?

教师示范讲述:因为1角不满1元,整数部分要写0,小数部分要写1,所以1角=0.1元。

师:同学们看看,1角= $\frac{1}{10}$ 元=0.1元,我们就把小数和分数联系在了一起。

师：我们知道了1角=0.1元，那么2角用分数表示是多少元？用小数表示又是多少元呢？

教师请一个学生到台前圈一圈，说一说。

生（圈出2角）：2角是1元的十分之二，用分数表示是$\frac{2}{10}$元，用小数表示是0.2元。

师生共同完成板书：2角=$\frac{2}{10}$元=0.2元。

教师让学生继续圈出3角、6角……并说出对应的小数，然后逐一板书。

教师引导学生解决小华的问题，结合图形解释：5角不满1元，所以要用小数表示，又因为5角=$\frac{5}{10}$元=0.5元，所以8元5角=8.5元。

（2）借助米尺模型，理解小数含义。

师：太棒了，你们已经帮助小华解决了第一个难题。小华在假期还去了游乐园玩，他的身高是1米3分米，按要求需要购买儿童票。聪明的小朋友们，你们知道1米3分米只用"米"作单位该怎样表示吗？

生：1.3米。

师：为什么是1.3米？

生1：1米就是1米，3分米是0.3米，合起来就是1.3米。

生2：3分米不满1米，所以要用小数表示，就是0.3米。

师：看来每个学生都有自己的理解，为了方便研究这个问题，我们再请来一个小帮手——米尺。

师（出示米尺模型）：这是一把米尺，我们把它拉直，这把米尺被平均分成了多少份？

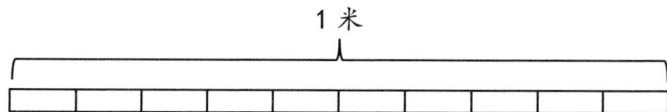

生：10份。

师：你知道其中的一份是多长吗？

生：1分米。

师：这个1分米可以写成米作单位的数吗？

生：把1米平均分成10份，这样的一份就是$\frac{1}{10}$米。1分米是$\frac{1}{10}$米，可以写成0.1米。

师板书：1分米=$\frac{1}{10}$米=0.1米。

师：你能找出3份、7份吗？这样的几份是多少？用米作单位又是多少呢？

教师让学生在作业单上自己选择分米数，并写成对应的小数。学生汇报后，师逐一板书。

师：现在你能告诉我小华身高1米3分米为什么是1.3米了吗？

生1：3分米不满1米，要用米作单位，就是0.3米。

生2：因为3分米=$\frac{3}{10}$米=0.3米，所以1米3分米=1.3米。

[设计意图：基于学生的生活经验，创设熟悉的生活情境，设计合理的数学问题，引导学生回顾学习分数所经历的把"1"平均分成10份表示其中几份的过程，激活学生的探究活动和认知经验。在动手操作中，学生借助数形结合感知小数和分数之间的联系，理解小数的本质，即小数是十进制分数的另一种表示方式；同时在问题解决的过程中，学生初步感知小数产生的意义——源于数的精确表达，小数可以表示现实生活中比"1"小的数。]

3.观察比较，归纳小数意义。

教师引导学生观察得出一组数据：

1角=$\frac{1}{10}$元=0.1元；1分米=$\frac{1}{10}$米=0.1米；

2角=$\frac{2}{10}$元=0.2元；3分米=$\frac{3}{10}$米=0.3米；

6角=$\frac{6}{10}$元=0.6元；7分米=$\frac{7}{10}$米=0.7米。

师：仔细观察这些小数和分数，你能发现它们有什么特点吗？

同桌之间交流汇报。

生1：分数的分母都是10。

生2：小数的整数部分都是零。

生3：分数的分子和小数部分的数字一样。

生4：我还发现了十分之几就是零点几。

师：真是善于观察的孩子。其实十分之几就表示零点几，零点几也就表示十分之几，现在你知道小数表示什么了吗？

生：零点几就表示十分之几。（师板书：$0.\square = \dfrac{\square}{10}$）

[设计意图：本环节，教师注重培养学生的抽象概括能力，引导学生通过观察、比较、对质、思辨，从不同的角度发现规律，归纳提炼出小数的意义，建立小数与分数之间的关系模型，从而培养学生的推理意识和模型意识。]

4.借助数直线，初步感知计数单位。

师：这样看来，小数和分数是一对好朋友，有着密不可分的联系，如果不借助人民币和米尺，我们还能找到小数吗？

教师课件演示，将米尺模型隐去单位"米"并渐变成一条线段。

师：这是一条线段，你能在这条线段上找到0.4吗？

教师引导学生明晰线段中的任一连续4份的长，就是0.4。

师：同学们真了不起，那其中的一份是多少？（一份是0.1。）0.4里面有多少个0.1？为什么？

生1：因为$0.4 = \dfrac{4}{10}$，$0.1 = \dfrac{1}{10}$，所以$\dfrac{4}{10}$里面有4个$\dfrac{1}{10}$，即0.4里面就有4个0.1。

生2：从线段图上可以看出，每一小格都是0.1，因为0.4里面有4小格，所以0.4里面就有4个0.1。

师：你能用同样的方法找到0.8，0.9吗？它们里面都有多少个0.1呢？

学生分别找出0.8和0.9，里面分别有8个0.1和9个0.1。

师继续追问:如果在0.9的基础上再加0.1是多少?

学生发现:0.9再加0.1,就得到整数1;1里面有10个0.1。所以,0.1就是小数的计数单位。

[设计意图:数是数出来的。借助数直线这一个直观的、结构化的学习材料,充分认识到小数与整数一样,都是计数单位的叠加,同时体会"满十进一"的思想,建立和丰富计数单位0.1的表象。]

（三）设计练习,深化理解

师:学到这里,现在大家对小数有了更深刻的认识了吧。小数有什么用呢?又能解决哪些问题呢?

练习1.下面哪个图中的涂色部分可以用0.4表示?为什么?

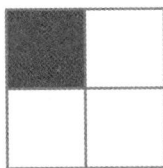

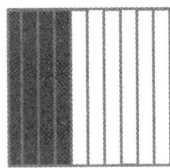

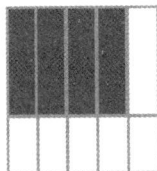

学生独立完成,并说出判断理由。

练习2.找一找,这些小数在哪里?

出示下图,让学生分别找出0.7,1.8,2.5在哪里?

课件依次呈现下述问题:

（1）0.7应该在哪里?你是怎么得来的?

（2）如果还想找1.8,你能找到吗?请上来指一指。

（3）如果是2.5呢?闭上眼睛想一想,2.5应该在哪里?

师:同学们的反应真快。通过两道练习,我们对小数的计数单位就是0.1有了更深刻的认识。

[设计意图:"双减"背景下优化课堂作业设计,更要注重对知识的意义、本质和本源的考查。这里创新设计两道练习,旨在加深对小数意义的理解,

积累"十等分"和"逢十进一"得到不同小数的活动经验。学生不仅体会小数的组成、计数单位与整数个位的十进关系，而且实现认知上的跨越，体现对数的认识的一致性。]

（四）回顾反思，提升认知

师：这一节课，我们经历了怎样的学习过程？解决了哪些问题？

教师引导学生回顾整个学习过程，思考上课开始时提出的一系列的问题，分别将其板贴在相应的知识区域，从而形成结构化的板书。

三、教后反思，看见学生成长

本节课通过设计一系列的问题串，以问题引领进行任务驱动，借助结构化的学习材料（人民币模型、米尺模型、数直线模型、面积模型等），进行多维表征，层层抽象，沟通小数、分数和整数之间的联系，深刻理解小数的意义、本源，形成比较稳定的关于"数的认识"的认知结构，让学习由单一走向多元，让思维由简单走向深刻。

（一）整合教材，创设问题情境

对学习者先有概念的考虑必须成为一切教学的出发点。基于对学生的学情前测，我们发现学生对小数积累了丰富的生活经验和认知基础：一是很多学生课前能够认读和写出小数；二是学生对人民币模型特别熟悉，能够说出价格表示的具体含义；三是学生已经学习过分数，对分数的意义有了初步的理解。

结合以上学情分析，再认真研读教材，我们认为"认识小数"的学习要遵循学生的认知规律，让学生自主探究小数的读写法；教师创设合理、连续、结构化的问题情境——购物和购票；教学从学生熟悉的人民币模型开始，逐渐抽象过渡到米尺模型、数直线模型，让学生在解决问题中把握小数的意义和本源。本节课，我们将教材内容进行有效整合，创新教学设计，旨在为学生对小数意义的理解形成一股合力。

（二）多维表征，理解概念本质

教材中"认识小数"的教学重点在于与十进制分数建立联系，引导学生在"细分""平均分"物化模型的过程中，体会到小数这种"十等分"的本质意义。于是，如何选择和安排具有"十等分"的结构化的学习材料，进行多维表征，对于小数的理解显得尤为重要。

基于学生已有生活经验和知识基础，我们选择了人民币模型、米尺模型（长度模型）、数直线模型，学生在观察、操作、比较、归纳中，在层层抽象、多维表征中，理解小数的产生是由于不断地"十等分"，从而抽象出小数的意义。从具体的数量，到半抽象的图形，再到总结提炼，学生对小数意义的理解水到渠成。

（三）问题引领，进行结构化学习

学起于思，思起于疑。全课重视设计合理问题，激发学生学习动机，促进学生积极探究。针对课题，教师设计结构化的问题序列（小数是什么样？怎样读写？表示什么？有什么用？）进行任务驱动。随着探究的不断深入，促进学生形成研究"数的认识"的思路与方法，为后继认识百分数、负数等提供研究策略，实现教学内容和学习方法的结构化。

同样在解决"小华身高是多少"和寻找"小数在哪里"的问题时，教师引入"数直线"这一结构化模型，通过学生易懂的方式来揭示小数本源性问题：小数是按"十等分"和"逢十进一"的规则进行构造的；一位小数可以用0.1进行计数，可以和自然数一起构成完整的位值计数系统，从而体现数的一致性。

这节课，通过设计结构化的问题序列，创设结构化的问题情境，辅以结构化的学习材料，将小数置于整个数的知识体系中进行教学，帮助学生形成较为稳定的认知结构，逐步学会结构化思维和建立对未来学习有支撑意义的结构化的数学知识体系。这正是结构化学习的重要价值所在。

对接经验，感悟运算的一致性

——"小数加减法"的教学实践和思考

一、教前慎思

（一）如何关注先有经验，确定学习起点

数学教学活动必须建立在学生认知发展水平和已有知识经验基础之上。学情检测的结果表明：一是课前所有的学生不仅能够根据问题情境提出数学问题，并列出小数加减法算式，而且几乎每位学生都能用竖式计算相同数位的小数的加减法。二是针对数位不同的小数的加减法时，绝大部分学生都能用竖式计算，也能想到小数点要对齐且计算正确，只是少数学生对竖式中要不要补"0"占位存在意见分歧。虽然学生能够自动地完成小数加减法的计算，但对为什么能这样算，很少能表达清楚其中的算理。三是学生能够将整数加减法的意义和计算法则迁移到小数加减法。因此，我们依据学情前测将教学重点放在小数加减法算理的理解上，让学生理解竖式中的小数点对齐就是相同数位对齐的道理，而相同数位对齐是因为只有相同的计数单位上的数才能相加减，同时感悟到整数、小数的加减法运算的一致性。总之，学生对于这节课的知识储备已经很丰富，接下来需要教师创设合适的问题情境，设计有效的学习活动，使课堂达到"理解算法和感悟运算一致性"的两重教学目的。

（二）如何对接活动经验，感悟运算一致性

对于这节课，为了更好地凸显计算教学的特点，我们要在深刻理解算理的基础上掌握算法。于是我们设计了"解读情境图—提出问题—列出算式—尝试计算明算理—多策略懂优化—归纳概括'标准'算法—优化练习巩固法与理"的学习路径。为了有效对接学生的活动经验，我们在创设小数加减法的问题情境时，设计三个问题："为什么这样列式？你是怎么计算的？这样算的道理是什么？"从而激活学生的思维活动经验，引导学生运用直观材料（人民币模型、面积模型、计数器等）演示运算的过程，在概念（位值、计数单位）、算理和算法之间建立明确的关系。根据学情分析，我们对教材内容进行整合，直接教学例2，即让学生探究计算数位不同的小数加减法，将例1的"相同数位小数加减法"设置为随堂练习。此外，我们要注重算法的多样化。在学生通过不同的策略来解释计算答案是否正确的过程中，我们要提供学生充分思考和操作的时间，搭建互动交流、质疑思辨的平台，促使学生深刻理解整数、小数的加减运算都要在相同计数单位下进行，真正感悟整数、小数加减运算的一致性。

二、教学实践

（一）创设情境，问题导入

1.揭示课题。

师（手指课题）：同学们好，今天我们一起学习的内容是什么？

生：小数加减法。

师：看到这个课题，你想知道什么？

生1：小数加减法怎么计算？

生2：小数加减法和整数加减法有什么联系和区别？

师：今天我们一起来学习"小数加减法"。

2.出示问题。

师：4月24日是世界读书日，喜欢读书的小林买了两本书，分别是《数学家的故事》16.45元，《神奇的大自然》18.3元，你能提出什么数学问题？

生：《数学家的故事》和《神奇的大自然》一共多少钱？

生：《数学家的故事》比《神奇的大自然》少多少钱？

师：真是善于思考、善于提问的孩子。这节课我们一起来探究这两个问题。

[设计意图：创设贴近学生生活实际的购物情境，调动学生积极参与数学学习的兴趣。在开放的情境中让学生提出数学问题，培养学生发现并提出问题的能力。这些问题为学习小数加减法计算提供了素材，有利于学生主动进入探究算法的学习。]

（二）探究新知，理解算理

1.探究小数加法算理。

师：第一个问题"买这两本书一共需要花多少钱"，应该怎样列式呢？

生：16.45+18.3=？

师：为什么用加法计算？

生：把两个数合并成一个数的运算叫作加法。

师：这其实和我们之前学过的整数加法的意义是一样的。

（1）尝试计算，呈现结果。

师：应该怎样计算呢？请独立思考，自主解决，并把你的计算结果写到学习单第1题的答案处。

展示学生用竖式计算的作品。

师：请你说一说列竖式要注意什么？

生：小数点对齐。

师：小数点对齐就是什么对齐？

生：相同数位对齐。

师:请你说说你是怎么计算的?

生:5直接落下来等于5,4加3等于7,6加8等于14,满十进一,1加1再加1等于3,所以答案是34.75元。

师:看来大家都同意这种做法。你们对于怎么算已经很清楚了,但为什么这样算呢?这样算又有什么道理呢?

[设计意图:从学生的已有经验出发,在解决问题的过程中,引导学生回忆整数加减法的意义和计算法则,帮助学生找到新旧知识点的联系,有利于学生思考和探究运算的一致性。]

(2)借助经验,探究算理。

师引导学生自主探究计算的道理,提出活动要求:

①想一想,为什么要把相同数位对齐?

②写一写,在竖式中,写出每一步的计算结果表示多少?

学生独立思考,小组交流:在竖式中,每一步的得数表示什么意思?在竖式中,每一步的得数表示多少?

师:都讨论好了吗?这是两位学生的计算过程。你们能看懂吗?

生1:
$$\begin{array}{r} 元\ 角\ 分 \\ 16.45 \\ +\ 18.3 \\ \hline 34.75 \end{array}$$
生2:
$$\begin{array}{r} 在\ 在\ 盎\ 盎 \\ 1\ 6.4\ 5 \\ +\ 1\ 8.3 \\ \hline 3\ 4.7\ 5 \end{array}$$

①借助元角分模型理解算理。

师:请第一位同学说一说:为什么相同数位上的数才能相加?

生1:我把它们看成了钱数。元加元,16元加18元是34元;角加角,4角加3角是7角;分加分,5分加0分是5分,结果是34元7角5分,也就是34.75元。

师:这位同学从元角分的角度解释真是太棒了,掌声送给他。

师:都听懂了吗?是的,我们可以借助具体的元角分模型帮助了解,请问16.45元里的1表示多少元?

生:10元。

师出示"10元"。

师：6表示多少呢？

生：6元。

师：也就是6个1元，4和5分别又表示多少呢？

生：4个1角，5个1分。

师出示"4个1角，5个1分"。

师：同样这里应该放1张10元，8张1元，3张1角，你能说说刚才的计算过程并把计算结果写出来吗？

师：你能圈出满十进一的过程吗？

学生演示圈画过程，圈出"10个1元"指向"10元"。

师：大家看明白了吗？这位同学真厉害，老师给你点赞。

②运用计数器模型理解算理。

师：接下来我们一起来学习第2位同学的计算过程，这位同学又从哪个角度解释的呢？

生2：百分位上的5代表5个0.01，和0相加，还是5个0.01；十分位上的4代表4个0.1，3代表3个0.1，加一起是7个0.1；个位上的6代表6个1，8代表8个1，加一起是14个1，满十进一；十位上的1代表1个10，所以1加1再加进的1是3个10。

师：这位同学借助计数单位解释16.45和18.3的意义。研究小数的意的时候，经常借助计数器，今天我们也把这两个小数放到计数器里，帮助我们理解为什么相同数位要对齐？

师：请同学们拿出学习单，尝试在计数器上表示出16.45和18.3，并且圈一圈计算过程，把计算结果填在学习卡的括号里。

生3：百分位上的5个珠子代表5个0.01，相加是0.05；十分位上面是4个珠子，下面是3个珠子，加一起是7个珠子，也就是7个0.1，即0.7；个位上是6个珠子加上8个珠子，是14个珠子，满十进一，最后结果就是16.45+18.3=34.75。

师：这位同学表达很清晰，借助计数器帮助大家理清了相同数位对齐的道理。

[设计意图:在理解小数加减法计算算理的教学中,教师给予学生必要的学具和充分的空间。学生在自主探索、合作交流过程中,获得了小数加减法的计算方法,理解"小数点对齐"的道理——唯有相同的计数单位上的数才能相加减。这个积极探索、解释意义、主动建构的数学过程,是本节课的核心。它可以丰富学生的数学活动经验,加深他们对小数加法算理的理解,为后面学习小数减法算理做好准备。]

(3)横向比较,凸显"相同单位"。

师(课件出示):同学们,让我们回顾刚才这两种推导算理的方法,思考下面几个问题。(略)这两种方法有什么相同点?

生:只有相同的计数单位才能相加。

师:观察小数的计算过程,你知道小数加法怎么计算吗?

生:小数点对齐,也就是把相同数位上的数对齐,再按照整数加法计算法则计算,最后点上小数点。(板书:小数点对齐 相同数位对齐)

师:为什么相同数位要对齐?

生:因为相同的计数单位才能相加。

师:同学们真厉害,刚刚通过研究你们不仅知道了小数加法怎么算,而且知道了为什么这样算,我们一起把竖式写完整吧!

[设计意图:在汇报交流不同计算方法的过程中,思维逐渐从具体走向抽象。在比较中凸现"相同单位"的认识,形成对"小数点对齐"规则的深刻理解,逐步建立理解竖式计算的表象支撑。同时,教师的示范为接下来探索小数减法提供了正确的方向。]

2.迁移类推,理解小数减法算理。

师(出示课件):你们有信心帮助小林解决这一题吗?——《数学家的故事》比《神奇的大自然》少多少钱?

师:应该怎样计算呢?请同学们独立思考,自主解决,并把计算结果写到学习单第2题的答题处。请同学们开始吧,同桌之间可交流计算过程。

师：列竖式时要注意什么？

生：小数点要对齐，因为小数点对齐可以保证相同数位对齐，相同的计数单位相减。

师：是的，只有相同的计数单位才能相减。（板书：相同计数单位相减）

师：你能说说小数减法怎么计算吗？

师生共同总结小数减法的计算法则。

[设计意图：学生借助直观理解了小数加法的算理，对于小数减法的算理就很容易理解了。在这个教学过程中，教师完全放手让学生自己探索小数减法的算理，同时强调"0"的重要性，加深学生对相同计数单位相减的理解。]

3.比较沟通，完善知识结构。

师：小数加减法怎么计算？（让学生小组讨论并总结）

生：计算小数加减法，先把小数点对齐（也就是把相同数位对齐），再按照整数加减法的法则进行计算，最后点上小数点。如果得数的小数部分末尾有0，可以把0去掉。

师：小数加减法与整数加减法在计算时有什么相同点？（先让学生独立思考，再在组内讨论）

生：小数加减法时，小数点对齐使相同计数单位相加减；整数加减法时，末位对齐也是使相同计数单位相加减。因此，不管是小数加减法还是整数加减法，都必须相同数位对齐后，相同计数单位才能相加减，且计算时都是从低位开始算起。

[设计意图：这个环节进一步与整数加减法相比较，有了前面直观理解算理的支撑，学生很容易体会到小数计算中的小数点对齐和整数计算中的末尾对齐，虽然表象不同，但是本质是一样的，都是要让相同计数单位的数相加减。]

（三）巩固应用，内化计算法则

1.先口算，再回答下面两个问题。

5.55+2=　　　5.55+0.2=　　　5.55+0.02=

（1）观察这3道口算题有什么特点？

（2）每道题都有"5+2"，怎么结果不一样呢？

学生汇报口算结果。

师：请你说说这3道口算题有什么特点？

生：都有5+2。

师：每道题都有"5+2"，为什么计算结果不一样呢？

生：因为2的数位不一样，一个在个位，一个在十分位，一个在百分位。

师：它们分别表示2个几？

生：2个1，2个0.1，2个0.01。

师：也就是说2的计数单位不一样，所以结果不一样。相同数位相加，其实就是相同计数单位相加。

2.计算下题，说说你是怎么想的？

5 m70 cm-4 m35 cm =

生1：化成米，5.70 m-4.35 m=1.35 m。

生2：化成厘米，570 cm-435 cm=135 cm。

生3：可以列竖式计算。

师：那这三种方法有什么联系和区别？

生讨论并归纳：都是换算成相同的计数单位进行加减。

[设计意图：练习设计由浅入深，从不同层次、不同角度检验学生对新知的掌握程度，培养学生"用数学"的意识和能力。]

（四）回顾反思，课堂小结

师：这节课我们学习了小数加减法，你有哪些想法要告诉大家？

[设计意图：回顾和整理本节课的学习过程，串联所学知识与技能，感悟其中的思想与方法，进一步完善认知结构，培养学生解决问题的能力。]

三、教后感悟

杜威在《经验与教育》一书中指出：学习必须根植于经验。学习就是要依托经验、运用经验和改造经验。这节课是学生在掌握了整数加减法的算理和算法以及小数意义的基础上进行教学的，所以本节课的关键是让学生通过操作直观材料理解小数加减法的算理和算法，体会不管是相同数位对齐还是小数点对齐，加减运算的本质就是相同计数单位相加减。在对接整数加减法的意义和计算法则的认知经验上，对小数的加减法进行重组、改造，基于计数单位表达的一致性，感悟运算的一致性。

（一）唤醒先有经验

数学学习应重视学生的活动经验，使学生体验从实际背景中抽象出数学问题、构建数学模型、寻求结果、解决问题的过程。因此，这节课的教学从学生的已有经验出发，通过回忆整数加减法的计算法则，帮助学生找准新旧知识连接点后精确切入，使他们的知识和经验进行有效迁移，为本节课的学习打下知识和方法的基础。

（二）积累活动经验

学数学不仅要获取知识结论，更重要的是经历得到结论的过程，因为只有经历了这个探索过程，才能明晰数学思想方法的沉淀、凝聚的过程。在这个教学环节，几乎所有学生对于不同数位的小数加法都能计算正确，但说不明白其中的道理。于是，教师引导学生通过自主探索、合作交流探讨小数加法的算理，同时帮助学生借助学具从不同角度直观地理解算理。如，有的学生从小数意义角度解释算理，有的学生选择借助元角分模型解释算理，有的学生借助计数器直观感知"小数点对齐"的道理。有了小数加法计算的基础，直接放手让学生探究小数减法的算理，最后与整数加减法计算法则进行比较。通过上述活动，学生理解到只有相同计数单位的数才能相加减，从而感悟计算的一致性。

（三）运用思维经验

应用意识的产生便是知识经验形成的标志。积累基本活动经验要注重学生基本活动经验的运用，在经验形成的过程中注重思维的介入。本节课的练习不仅巩固了所学习的知识，还让学生体会到数学的应用价值。在练习1中引导学生思考：这些题目有什么特点？从而让学生体会虽然都有"5+2"，但"2"的计数单位不一样，所以结果不一样，只有相同的计数单位才能相加减。对于练习2，学生运用不同的计算方法解决问题。学生在脑海里搜集多种解决问题的方法，会发现不管哪种计算方法，算理都是一样的。这些练习既巩固了活动经验，实现了经验的重组，又发散了学生的思维。

唤醒经验，自主建构，激活思维

——"长方形和正方形的认识"的教学实践和思考

一、教前慎思

（一）如何唤醒学生的经验表达

学生的认知经验是一切教学的出发点。在新课之前，学生对长方形和正方形已经有了认知经验，那么如何唤醒学生的经验表达呢？在教学"长方形和正方形的认识"时，教师为了更好地唤醒学生的经验表达，可以准备创设一个有趣的问题情境——呈现不同形状的多边形，让学生摆一摆、分一分、说一说分类的标准，形成学习平面图形的基本思路——从角和边的角度探究图形的特征。这样的引入设计，能够较好地利用先有概念，实现情境表征、图形表征和语言表征之间的转换，将原本比较抽象的数学知识转化成可以看见的内容，进一步激活学生的思维。

（二）如何引导学生的自主建构

自主建构就是一个数学思维呈现的过程，而数学思维是以数和形为主体、以语言和符号为载体，并以认识和探索数学规律为目的的一种思维方式。教师在教学图形概念时，要帮助学生形成主动学习和研究的心态，学会用数学语言表达图形的概念和特征。为了帮助学生自主建构，在教学中还要以真实任务驱动开展探究活动，在学生猜测出长方形、正方形的特征之后，让他们验证自己的猜想，在验证的过程中积极参与、体验感悟，获得有意义的学习经验。

（三）如何提升学生的思维水平

在学生充分探究后，教师应从画一画、拼一拼、圈一圈等方面对学生的思维进行激活，让学生深刻理解研究长方形和正方形的过程和方法。学生经历了对长方形和正方形的特征进行深入辨析的思维过程后，对两种图形的关系进行整理，并用集合图的形式来表示它们的关系，可以感悟正方形是特殊的长方形，形成数学思想方法以及思维结构，从而提升归纳概括和解决问题的水平。

为达到以上的教学设想，下面开启我们的教学实践之旅。

二、教学实践

（一）创设情境，激活经验

师：同学们，我们在上一节课已经认识了四边形，你能从下面图形里找一找哪些是四边形吗？在四边形里能找出长方形和正方形吗？并说一说理由。

教师板贴下面图形，学生在黑板前操作。

①　　②　　③　　④　　⑤

[设计意图：在学习本节课之前，学生认为长方形是"扁扁长长"的，而正方形是"方方正正"的。为什么会对这两种图形呈现出这样的认知？观察图形特征的角度在哪儿？这些是学生亟待了解的问题。没有参照物，特征就不能凸显。教师让学生在多种平面图形中将长方形和正方形挑出来，这既符合学生对两种图形的"直观辨认水平"，也可以帮助学生在图形的对比中主动

捕捉观察视角——图形的边和角，并初步尝试描述两种图形的特征，培养他们的分类思想，学会用数学的眼光、思维观察分析问题。]

（二）动手操作，探索新知

1.认识长方形。

活动一：动手拼摆长方形。

在学生动手操作前，教师出示活动要求：

（1）两人一小组合作；

（2）和同桌互相说一说，长方形是怎么拼出来的。

师：请拿出学具袋中的小棒，两人一小组，挑选需要的小棒，合作完成任务。

学生合作拼长方形，教师巡视，展示学生作品。

师：是不是任意4根小棒都能拼出长方形？

生：不是。

师：要想拼成长方形，对这些小棒有什么要求？

生：2根长，2根短，而且2根长的小棒长度相等，2根短的小棒长度相等。

师：同学们观察得很仔细，总结得真到位。两根相等的小棒分别摆在哪里？

生：长的2根小棒在上边和下边，短的两根在左右两边。

师：上下相等的两根小棒它们的位置是相对的，我们称它们为一组对边。左右两边的小棒是相等的，我们也称为一组对边。

师：对边相等是不是长方形的一个特征呢？（板书：对边相等？）

教师此时再出示另一个学生的作品，让学生观察这个长方形的对边是否相等。

师：刚才我们从边的角度观察，长方形的对边相等。如果从角的角度观察你们手中的长方形，你又有什么发现？

生：长方形的四个角都是直角。

师：4个角都是直角，是不是长方形的又一个重要的特征呢？（板书：4个角都是直角？）

[设计意图：学生的学习必须以问题为导向，以任务为驱动。在教学中，让学生猜测拼长方形的方法，先追问"你能拼成这样的长方形吗"，学生在拼一拼的活动中猜测出长方形的特征，再追问"你们的猜测对吗"，让学生带着疑问进入下面的验证环节，激发急于去求证的欲望。通过讨论质疑，学生在已有的知识经验上再次感知长方形和正方形的特性。]

活动二：验一验。

师：是不是所有的长方形都具有这些特征呢？请同学们拿出学具袋中的长方形纸条，用你喜欢的方法验证一下。

教师出示活动要求：

（1）利用长方形纸验证长方形边和角的特征；

（2）小组合作完成学习记录单；

（3）交流验证过程。

学生小组合作验证，教师巡视。

师：谁愿意和大家分享你的方法，说一说你是用什么方法验证的？得出了什么结论？

生1：折一折，将这个长方形的邻角重合并对折，我们发现两组对边能够完全重合，所以两组对边相等。

生2：我们也是对折的，是沿中线对折的（生示范沿中线对折），也能重合，所以对边也是相等的。

师：你们真聪明，想出了这么妙的方法，还有哪位同学有不同的方法验证长方形的边的特征吗？

生3：量一量，我们用尺子量出它们的长度就行了。

学生汇报测量的结果。

师：这位同学用数据说话！量一量的确也是个好方法。

师：长方形的两组对边有长有短，为了便于区分，我们把长方形相邻的两条边分别叫做它的长和宽。请同学们阅读课本，什么是长方形的长和宽？长方形有几条长和几条宽呢？

学生阅读课本，回答上述问题：长方形有2条长，2条宽。

师：刚才我们验证了长方形边的特征，还有哪位同学能验证角的特征吗？说说你是怎么验证的？

生1：用三角板比一比。

生2：折一折之后再比一比。

学生台前演示验证过程。

师：刚才几位同学用不同的方法验证了长方形的特征：对边相等，四个角都是直角。（此时，教师擦去"？"）

2.自主探究正方形。

师：我们已经知道了长方形的特征"对边相等，四个角都是直角"，那么你会探究正方形的特征吗？请拿出自己的学具袋，选择你想要的学具开始探究吧。

教师出示活动要求：

（1）拿出正方形纸片；

（2）探究正方形的特征；

（3）探究后把你的方法和结果填到学习单上。

学生自主寻找方法，交流讨论，汇报方法和结果：通过量一量、折一折、比一比，得到正方形的四条边都相等，四个角都是直角。

接着，教师让学生阅读课本，给出正方形边的概念，正方形有4条相等边。

教师引导学生再次观察手中的长方形，归纳概括出：无论什么形状的长方形，它们都满足：对边相等，四个角都是直角。以此类推，所有的正方形都满足：四条边都相等，四个角都是直角。

[设计意图：用折一折、量一量、比一比等方法验证长方形和正方形的边

和角的特征,既是对前面猜想的证实,又有助于学生在操作验证的过程中深入感受和理解两种图形的特征。这些看似简单的操作体验活动,正是学生走近图形本质特征的过程,也是学生积累探究图形特征的学习经验的过程。在操作验证的过程中,学生培养了实践探究、归纳推理、空间想象等多种能力。]

3.比较长方形和正方形。

师:请选出符合条件的图形:(1)图形是四边形;(2)对边相等;(3)四个角都是直角。

① ② ③ ④ ⑤ ⑥

学生通过选择,满足条件的只有图形①和⑤。

师:请同学们小组交流讨论,为什么我们说的是长方形的特征,你们却把正方形留下来了?

生:因为正方形也是对边相等,四个角都是直角,所以把正方形留下来了。

师:你们发现了什么?同桌讨论一下。

生:正方形具有长方形的所有特征,可不可以说正方形是特殊的长方形?

师:既然你们说正方形是特殊的长方形,请同学们填写下面的表格,并观察正方形有什么特殊的地方。

学生独立完成表格,汇报发现:正方形不仅对边相等,而且四条边都相等。因此,正方形是特殊的长方形。

名称	长方形	正方形
不同点	对边相等	四条边都相等
相同点	有四条边,对边相等,四个角都是直角	

[设计意图:如何将正方形与长方形的关系"润物无声"地让学生感知领悟,对学生来说具有一定的思维难度,也是执教时需要思考的一个问题。这里利用一个富有童趣的游戏情境——寻找图形来教学,不失为一个良策。学

生要根据长方形的特征找出符合条件的图形，最后不仅留下了一个长方形，还有一个正方形，这将原以为毫不相干的两种图形融为一体，有助于学生跨越认知上的一个"坎"，完善对两种图形特征和关系的认知。]

4.整理图形关系。

师：这一单元我们已经认识了四边形、长方形和正方形，它们分别构成自己的大家族：四边形大家族、长方形大家族、正方形大家族。你知道它们之间的关系吗？

教师板贴写有"四边形""长方形""正方形"的集合圈，且各自分开。学生小组交流，分享结果，在黑板上贴出它们的关系（如下图）。

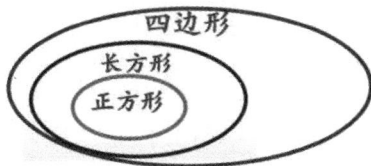

师：你们真了不起。从图中我们可以看出，四边形里面包含长方形，长方形里面包含正方形。

[设计意图：新课标指出要注重教学内容的结构化，帮助学生建立起有意义的知识结构。这里设计活动情境，板贴图形之间的"家族"关系，不仅激发学生的探究兴趣，而且帮助学生深刻理解三种图形之间的联系，渗透着分类思想、集合思想。教师引导学生学会用整体的、联系的、发展的眼光看问题，有助于形成科学的系统化思维。]

（三）应用拓展，深化理解

1.找一找身边哪些物体的表面是长方形和正方形，并指出长方形的长、宽以及正方形的边。

[设计意图：巩固对长方形和正方形特征的理解，让学生体验生活中处处有数学，学会用数学的眼光观察问题，培养学生的数学应用意识。]

2.信封里装的是一个四边形，猜一猜可能是什么形状。

3.在方格纸上画一个长方形和一个正方形，边画边思考画图时应注意些什么？然后在你画的长方形中，画一个最大的正方形。正方形的边长是几厘米？

学生交流结果，教师引导学生概括：长方形中画最大的正方形，正方形的边长与长方形的宽相等，长方形的宽决定了所画正方形的大小。

[设计意图：练习设计由浅入深，从不同层次、不同角度检验学生对新知的掌握程度，培养学生用数学的意识和能力。]

（四）回顾反思，课堂总结

让学生观察板书，总结本节课的收获。

[设计意图：回顾和整理本节课的学习过程，串联所学知识与技能，感悟其中的思想与方法，进一步完善认知结构，培养学生解决问题的能力。]

三、教后感悟

"长方形和正方形的认识"是人教版小学数学四年级上册的内容。长方形和正方形对于孩子们来说并不陌生，生活中到处有它们的身影，况且学生一年级时已经初步接触了长方形和正方形。所以在教学本节课内容时，如何有效调动学生已有的认知经验，激发学生的学习热情，把长方形和正方形的有关特征和概念艺术化地"告诉"学生，是我们一直在思考的问题。

（一）创设情境，激活经验

《义务教育数学课程标准（2022年版）》在"课程实施"中指出："强化情境设计与问题提出。注重创设真实情境。真实情境创设可从社会生活、科学和学生已有数学经验等方面入手，围绕教学任务，选择贴近学生生活经验、符合学生年龄特点和认知加工特点的素材。"本节课创设纯数学问题的情境，呈现常见的几何图形，让学生找一找、分一分、说一说。学生经历数学观察、数学思考、数学表达等思维活动，激活知识经验和方法经验，为探究长（正）方形的认识定下了良好的"心理场"。

（二）动手实践，生成概念

小学生对某一事物的认识，需借助大量感性、具体的材料，经过感知、操作，并结合自己的生活经验，逐步抽象，进而认识该事物。放手让学生借助学习材料，采用动手操作的方法验证猜想，能有效促进图形特征在学生大脑中的深刻建构。

在教学长方形特征时，学生通过看一看、折一折、数一数、量一量、比一比、想一想等活动，加深了对图形特征的亲身感受，这不仅为研究图形的特征奠定了基础，同时也积累了数学活动经验，发展了空间观念。在动手操作中，引导学生将做与思结合起来，多思考、多交流，然后用简洁的语言表达出长方形的特征。这个过程不仅让孩子经历了探索知识的过程，而且让孩子进行了严密的数学思维训练，有助于数学思维的提升，真正将操作活动经验提升为数学经验，让操作为知识建构服务。

（三）从扶到放，自主探究

在教学长方形特征时，教师需要充当一个引导者与合作者的角色。那么在教学正方形特征时，教师完全放手让学生自己去研究、发现、归纳。通过议一议、说一说，学生各抒己见，归纳出正方形的特征；通过比一比、想一想，学生建构正方形和长方形的联系和区别。这种探究与解决问题的过程，就是学生自己观察、思考、讨论、建构知识、发展空间观念的过程。通过这个过程，学生不仅主动地发现、认识并理解空间与图形，而且还掌握了发现、认识、理解数学的一般方法：猜测—验证—结论。

（四）创新练习，拓展思维

"双减"背景下的课堂练习，不仅要关注知识与技能的考查，更要关注知识的概念本质和对知识形成过程的考查。为此，我们创新练习设计，编制一道在方格纸上画一个长方形和正方形，并且长方形中画一个最大的正方形的问题。借助方格纸这一"支架"，学生不仅能够准确地构造长方形和正方形，而且加深了对长方形和正方形的概念、特征、关系的理解。问题的设置，拓展了知识的广度和深度，启发了学生开动脑筋激活思维，同时激发了学生对数学的兴趣和获得成功的信心。

总之，我们应当立足课堂，基于学情展开教学，设计引发学生思考的数学活动，引导学生自主探究、意义建构，并致力构建生动活泼、情景交融、知情结合、思维活跃的数学课堂。

溯"源"清"流",格"图"致"智"

——从概念的角度重构"平行四边形的面积"

一、教前慎思

《义务教育数学课程标准（2022年版）》强调，在教学中，要"了解数学知识的产生与来源、结构与关联、价值与意义"；要"强化对数学本质的理解，关注数学概念的现实背景，引导学生从数学概念、原理及法则之间的联系出发，建立起有意义的知识结构"。"平行四边形的面积"是人教版五年级上册的教学内容，如何使这节经典的"老课"体现新课程理念精神，呈现不一样的学习路径？如何引导学生理解度量图形面积的知识本质与本源方法？如何从数学概念出发，让学生经历原理和法则的探究过程，理解和建构计算公式的意义？我们需要厘清以下几点认识。

（一）面积公式的意义是什么

什么是平行四边形的面积？求平行四边形面积的时候，"底×高"到底在计算什么？看似两个简单的问题却直接叩问数学知识的本质与本源——平行四边形的面积就是用单位面积测量出来的结果，"底×高"就是计算平行四边形里含有多少个单位面积。在以往的教学中，我们往往重视面积计算公式的获取和应用，却忽略度量本质的体现，没有真正让学生理解面积计算公式的意义。我们要抓住面积的含义和度量的本质，开展平行四边形面积的教学，有效促进学生对面积度量本质的理解，做到以理驭法，法理相融。

（二）转化方法的本意是什么

转化是数学学习和研究的一种重要思想方法。在本节课中，我们应当突出这一教学关键点——基于转化思想的割补法。为什么要转化？为什么能转化？转化后的等量关系如何证实？思考和解决这三个问题，能够促使学生真正体验和感悟转化的本意和价值，使其内化于心，外化于行，为后继学习三角形、梯形和组合图形提供方法支持。这就需要我们摒弃简单机械的操作，引导学生由动手操作转向积极思考，用生成替代重复；需要我们利用学生的已有经验，引导学生从不同的角度、不同的方法进行面积公式的推导，学会用数据、有条理、合乎逻辑地进行推理，助力学生推理意识和空间观念的发展。

（三）如何探寻知识和方法之源

好的学习材料，应该承载探究知识与方法的功能，应该引发学生富有价值的思考。面积测量的本质就是单位面积的计数与累加，转化的本意就是实现由点数单位面积到公式计算单位面积个数的优化。如何寻求蕴含着数学概念最本质的属性和最基本的方法，使知识与方法一脉相承？如何对接学生的现有经验，使经验与知识互相滋养？利用简约而具有结构化的方格纸，应该是必要且有效的学习载体。通过数方格，可以感悟图形面积测量的本质（数或算单位面积的个数）。在数或算单位面积的过程中，孕伏着转化和优化的数学思想。

基于以上认识，我们需要重组教材，精心设计学习路径，引导学生从面积的概念出发，通过数方格把握面积计算公式的本质，同时深刻体会数方格是转化、优化思想之本源，实现知识理解从"知其然"到"知其所以然"，再到"何由知其所以然"的渐进过程，期待学生经由"浅表学习"到"意义学习"，再迈向"深度学习"的"追根溯源"的探究历程。

二、教学实践

（一）创设情境，问题引入

1.比眼力游戏。

出示下图（左），谁的涂色面积最大？

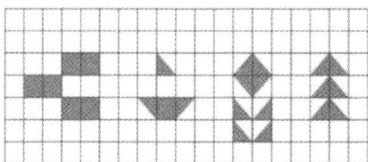

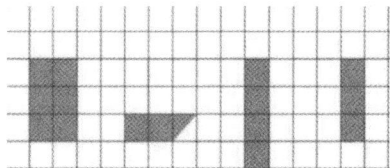

师：仔细观察，它们的面积分别是多少？谁的面积最大？

学生回答后，教师呈现上图（右），引导学生明确：每一格都可以是边长为1 cm、1 dm、1 m…的正方形，我们称其为单位面积。涂色的面积就是所含单位面积的多少。

2.揭示课题。

师（出示平行四边形卡片）：这是一个什么图形？它的面积是指什么呢？

生1：这是一个平行四边形，面积是指它的大小。

生2：平行四边形的面积是指它里面含有多少个单位面积。

师：今天我们就来数一数、算一算，它有多少个单位面积？

师板书课题：平行四边形的面积——？个单位面积

[设计意图：面积概念是这节课知识的生长点，也是学习的起点。通过比眼力游戏和出示平行四边形卡片，对接学生的先有概念，引发学生启疑思考进行任务驱动，为学习新知提供思想方法上的准备和铺垫。]

（二）动手操作，探究新知

1.运用方格纸，感悟转化。

师：要想知道这个平行四边形有多少个单位面积，我们该怎么办？

生1:数方格,看它有多少个单位面积?

生2:先把平行四边形一角剪下来,再平移过去就行了。

师:现在老师把平行四边形放在方格纸上,你能数出这个平行四边形的面积吗?

课件呈现方格纸,明确操作要求:数一数,算一算,下面平行四边形含有多少个面积单位,它的面积是多少平方厘米?(每个小方格的面积是1平方厘米,不满一格按半格算)

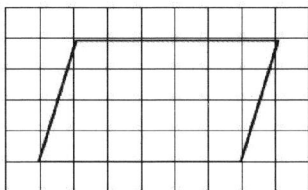

学生独立思考,动手操作,数或算出平行四边形的面积。教师巡视,反馈数法。

生1:我是先数出整格的,再数出不满一格的,一共有24格,也就是24个单位面积。所以,平行四边形的面积就是24平方厘米。

生2:我是把不满一格的部分平移凑成整格,这样每一行的单位面积个数都一样,就好数了。所以,平行四边形的面积也是24平方厘米。

生3:我是将左边的三角形整体移到右边,变成长方形,每行6格,有4行,就有6×4=24个单位面积。所以,平行四边形的面积就是24平方厘米。

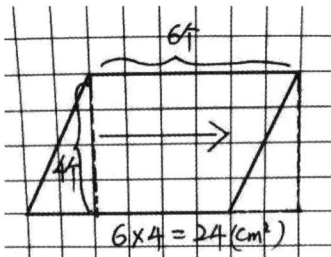

教师同时展示以上三种方法,引导学生观察、思考:对于这三种方法,你有什么想说的?你喜欢哪种方法?为什么?

生1:第一种数半格的方法比较麻烦,而且容易出错;第二种方法把半格转化为整格，每一行变得同样多，比较容易数；第三种方法最简单，转化为长方形后，直接计算就可以了。

生2：我喜欢第三种方法，因为把左边的三角形整体移到右边，就拼成我们熟悉的长方形，不仅容易数而且可以算，还不会出错。

师：第二种和第三种方法有什么相同点和不同点？

生3：相同点都是将不满格的拼成满格的，不同点是一个要数，一个要算。

师：这里我们在计算什么呢？

生4：平行四边形里面含有多少个单位面积。

师：大家说得很好！这里运用了非常重要的数学方法——转化，我们可以将平行四边形转化为什么图形？（长方形。）转化为熟悉的长方形后，我们就可以由原来的数方格变成直接计算有多少个单位面积。看来算比数更简单。

教师及时板书：数 $\xrightarrow{\text{转化}}$ 算

[设计意图：面积是"数"出来的，面积也可以是"算"出来的。究根追底，这里将数学知识的学习退到概念的原点，退到原始而又重要的"数方格"的方法。一是通过"数"，理清面积概念的本质属性，还原知识的真实面貌；二是在"数"和"算"的过程中，催生出新的研究方法——转化，同时在不同"数"法的对质思辨中，不断地感受转化、优化的意义和价值。]

2.问题指引，推理验证。

师：我们来观察第三种方法，请这位同学说一说具体是怎么转化的？

生：先把这个三角形剪掉，然后再平移到右边，就变成了长方形。

师：是不是随便剪一下，就能拼成长方形？

生：不是的，要沿着平行四边形的高剪开。

师：接下来，我们一起思考，为什么沿高剪开能转化为长方形？是不是其他平行四边形沿高剪开都能转化为长方形？转化后的长方形与平行四边形存在着怎样的等量关系？

教师出示三个不同的平行四边形，让学生在探究单上探究能不能剪拼成

长方形。（每一格的长度都是 1 cm，并标出对应的底和高）

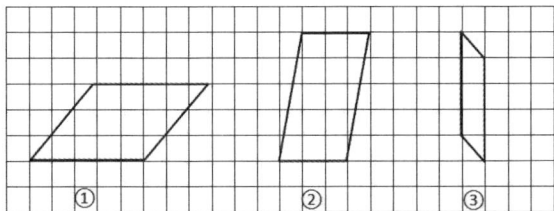

教师选择三个作品进行反馈交流。（作品略）

师：观察这几种做法，有什么相同点？

生：都是沿高剪开，平移后拼成一个长方形。

师：为什么沿高剪开，就能拼成长方形呢？

生：因为沿高剪开，会出现直角，平移之后有 4 个直角，对边也相等，所以能拼成长方形。

教师动画演示将平行四边形在方格纸上沿高剪开，然后拼成长方形，学生此时深信不疑。

师：谁来具体说说第一个图，转化后的长方形与平行四边形有怎样的等量关系？

生：长方形的长等于原来平行四边形的底，都是 5 厘米；长方形的宽等于原来平行四边形的高，都是 3 厘米。

生：我还发现长方形的面积等于原来平行四边形的面积。

师：为什么面积没有发生改变？

生：原来的平行四边形被分成两个梯形，只是通过平移拼成了长方形。

师：那么长方形的面积是多少平方厘米？有多少个单位面积——1 平方厘米？平行四边形的面积呢？

生：长方形的面积等于长乘宽，为 5×3=15 平方厘米。平行四边形的面积也是 15 平方厘米，含有 15 个 1 平方厘米。

学生依次汇报第 2、3 个平行四边形的剪拼过程。

[设计意图：平行四边形为什么能够转化为长方形？转化后的图形与原图形存在怎样的等量关系？简单、机械的反复操作，缺乏思考和表达，学生的

思维水平始终处于"可视"的直观界面，而问题指引下的动手操作，却能够引发学生的深度思考，促进深度学习的发生，培育学生学会用"数"说话的数据意识和重证据、讲道理、合乎逻辑的推理意识。]

3.归纳概括，导出公式。

师：现在知道平行四边形的面积可以怎么计算了吗？请说说你的推导过程。

教师先让学生小组之间讨论交流，再选小组代表汇报推导过程。

生：先把平行四边形沿高剪开拼成一个长方形，长方形的长等于平行四边形的底，长方形的宽等于平行四边形的高。因为长方形的面积=长×宽，所以平行四边形的面积=底×高。

师板书：平行四边形面积=底×高　或　$S = ah$

师：回顾我们刚才的探索过程，你觉得哪个环节对推导平行四边形的面积计算公式最有启发、最有帮助？

生：把平行四边形转化为长方形。

师：那么"底×高"到底在计算什么？

生："底×高"就是计算剪拼后长方形的面积，也就是原来平行四边形的面积——它含有多少个单位面积。

师：这其实就是我们刚开始的时候数或算方格的方法，所以"底×高"的算法是有道理的。

[设计意图：本环节让学生归纳平行四边形面积公式的推导过程，进一步培养逻辑推理能力和模型思想，达到掌握算法、理解算理、感悟思想等多重学习目的。]

（三）新知应用，练习拓展

1.基础练习：你能计算下面平行四边形的面积吗？

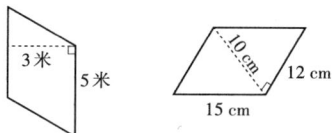

学生自主列式计算，反馈答案后，教师提问：教师做这道题时要注意什么？你想到了什么图形？这样做可让学生明确对应关系，化解易错问题，深化对概念和方法的理解。

2.变式练习：比较下面平行四边形的面积，你发现了什么？并说说理由。

每一小格都是边长1厘米的正方形。

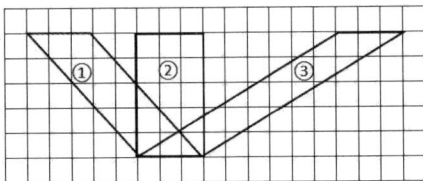

学生在学习单上先找出每个图形的底和高，再计算出它们的面积，最后比较归纳出：等底等高的平行四边形面积相等。

3.拓展练习：

呈现学情前测单中计算平行四边形面积的错例：边长×边长＝平行四边形的面积。

教师引导学生思考：为什么不能用"边长×边长"求出平行四边形的面积？并借助平行四边形的框架进行演示，让学生认真观察：在拉动平行四边形框架的过程中，什么没有变？什么发生了变化？

教师引导学生发现：

（1）周长没有变化，也就是两条边的长度不变，所以它们的乘积也不变；

（2）面积不断变化，所以用"边长×边长"不能求平行四边形的面积；

（3）高不断变化，两个相邻边的夹角也在发生变化，正是角度的变化，才引起面积的变化；

（4）当夹角变成90°，即平行四边形被拉伸成长方形时，面积最大。

教师利用数学软件演示拉动平行四边形的过程和面积随角度变化的图像。（如下图）

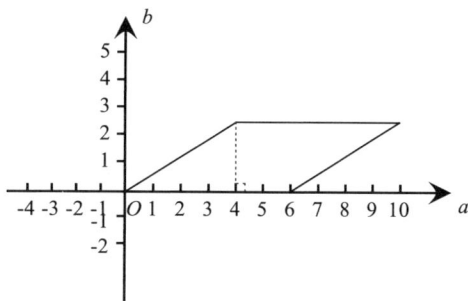

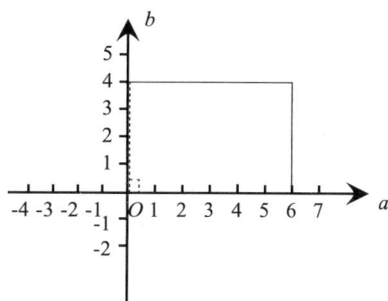

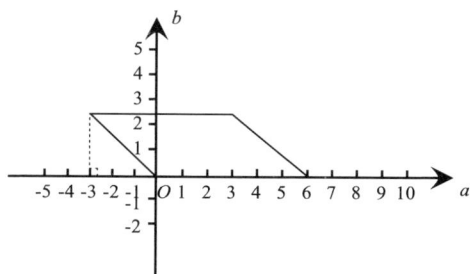

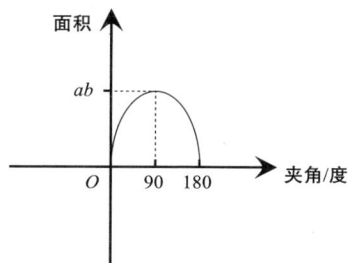

[设计意图：本环节设计三个不同层次的练习，是对传统题型的继承与创新。这些练习关注的不仅仅是知识和技能的获得、公式和法则的掌握，更多的是对思想与方法的理解、评价和应用，可激发学生的思维，培养思维的灵活性、缜密性、创新性。]

（四）总结提升，课堂小结

师：通过今天的学习，你有什么收获？

教师用课件逐一展示问题：

（1）我们是借助什么工具和运用什么方法推导出面积公式的？

（2）平行四边形的面积指的是什么？"底×高"到底在计算什么？

教师播放小视频：方格纸（或网格）在数学学习和生活中（地图、像素、美术等）的广泛应用。

[设计意图：课尾，教师引导学生回顾本课所学的内容和了解方格纸（网格）的广泛应用，不仅关注知识的本源、本质和结构化，而且注重知识的拓展延伸，开阔学生的数学视野，让学生感悟数学知识的应用价值与魅力。]

三、教后感悟

本节课以问题为驱动，以工具为抓手，从概念的角度出发，重新设计教学路径：创设真实的问题情境，设计结构化的学习材料，引导学生自主探究平行四边形面积计算公式的本质和感悟转化思想方法的本源；面积测量和图形转化并重，在测量面积的过程中寻求转化的方法，在掌握转化方法的过程中促进面积测量的深刻理解；数学概念和计算法则密切相连，帮助学生构建对未来学习有支撑意义的知识结构。

（一）设计核心问题，引发积极思考

设计核心问题应该基于一节课的核心知识，立足于数学的本质；应该基于学生的立场，对接学生的认知经验；应该引发学生的充分探究，促进思维的丰富生成。核心问题可以是统领全课的关键问题，也可以是某个教学环节围绕的重点问题。通过设计"数一数、算一算，平行四边形里面有多少单位面积"这一统领全课的核心问题，将数学的学习聚焦于面积测量的本质，引导学生从概念的本源出发，不断地探究解决问题的新方法，在优化"数"法的过程中，转化思想应运而生。"是不是其他的平行四边形沿高剪开也能拼成长方形"，围绕这一核心问题，引导学生进入操作转化环节，并鼓励学生自主探究，独立思考，学会推理论证，使学生的思维不断地走向严谨和理性。

（二）利用结构材料，探究知识本源

方格纸是一种简单易操作、具有丰富结构的数学学习材料。它是一把测量面积的"尺子"，犹如直尺一样可以测量长度，能够很好地帮助学生理解面积测量的本质和平行四边形面积计算公式的意义——"底×高"就是计算单位面积的个数；同时，也能够让学生意识到要用这把"面积尺"精准地测量平行四边形的面积，需要把不满格转化为满格进行数或算，转化思想自然浮出水面。为什么要转化？（不满格→满格；未知→已知）为什么能转化长方形？

（沿高剪开→平移）转化后图形关系如何？（长、宽、面积→底、高、面积对应相等）。在方格纸上对这些本源问题的充分探究，有助于深化学生对转化方法的理解，使之成为以后解决问题的一种行为自觉，为学生的思维成长打开广阔的空间。

（三）提炼思想方法，感悟转化价值

本节课的教学不仅是让学生"知道"一个数学公式和一个转化思想，而且应该让学生积累丰富的思维经验和感悟蕴含的思想方法。在"数方格测量平行四边形面积"环节，教师充分尊重学生的个性，鼓励学生选择自己喜欢的方法计数单位面积的个数，在对比思辨中体会方法的多样性和一致性，架构出数方格是测量平面图形最基本、最朴素的方法，优化出"沿高剪开转化为长方形"的最佳方法。在探究"其他平行四边形转化为长方形"时，引导学生分析解决"为什么沿高剪开""转化前后的两种图形有着怎样的等量关系"这两个关键性问题，旨在培养学生学会用数据说话的数据意识和重证据、讲道理、合乎逻辑的推理意识。在整个"操作—转化—推导"的过程中，引导学生积累"从特殊到一般，寻找共性，发现规律，得出一般性结论"的数学思维经验，进而发展学生的模型思想，深刻感悟转化思想的价值和魅力。

（四）融合信息技术，助力素养发展

《义务教育数学课程标准（2022年版）》强调：要"合理利用现代信息技术，提供丰富的学习资源，设计生动的教学活动""提升学生的探究热情，开阔学生的视野，激发学生的想象力"，促进学生对数学概念的理解和数学知识的建构。利用数学软件动态演示拉伸平行四边形的过程，使学生能够直观地感受到：平行四边形的周长没有改变，面积却在不断地变化；进一步明确面积变化的原因，与平行四边形的高有关，就是与两条邻边夹角有关。借助几何画板的"变量"和"动画"功能以及网格背景，结合面积变化的图像，可以让学生清晰测量的本质和理解用"边长×边长"计算面积错误的合理性，为今后利用边角关系求面积指明了方向。

其实，用"边长×边长"的想法反而会触及面积计算公式的本源，是学生"追根究底"的学习本能的反应。如下图，已知 $S = ab \sin \alpha$（平行四边形面积的本源公式），$h = b \sin \alpha$，故 $S = ah$（导出的推论）。

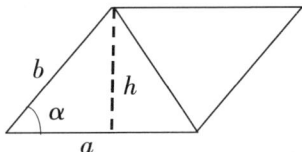

教学实践表明，从面积概念的角度研究平行四边形的面积是切实可行的，能够促进学生对于面积测量本质的理解。测量面积的大小要用到单位面积，而携带单位面积的"面积尺"——方格纸，就成为行之有效的测量平行四边形面积的学习工具。利用方格纸测量平行四边形面积，能够帮助学生理清知识与方法的"源"和"流"，"数方格"是测量面积的"源"，又是转化方法的"源"，"计算公式"则是优化"数方格"法产生的"流"。利用方格纸探究平行四边形与长方形的等量关系，引导学生进行观察、实验、计算、推理等数学思维活动，积累数学活动经验，感悟数学思想方法，发展学生的数据意识、几何直观、推理意识和模型意识，促进学生的思维不断走向深入，真正达到了格"图"致"智"的学习效果。

让思维行走在方圆之间

——"圆的组合图形"的教学实践和思考

一、教前慎思

（一）学生的困惑

选"圆的组合图形"这个课题，缘于在讲授人教版教材"外方内圆"或"内圆外方"相关例题后，有学生质疑：为什么不讨论它们的周长，它们的周长怎样求？为此，教师进行了一次学前预测：指出并计算下面阴影部分的周长（图中正方形的边长均为 4 cm）。

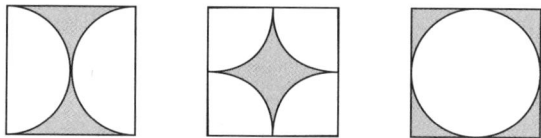

结果有不少学生没能正确指出阴影部分的周长，即使有学生正确指出周长并能算出，但没有转化意识，不能将图形"化零为整"进行整体考虑，以致计算过程过于复杂、繁琐。再则，教材中零散分布的圆的组合图形的习题，只能让学生就题论题，不能系统地掌握解决此类问题的思想方法，以至于见到类似的变式题时，或疲于应付，或无所适从，徒增解题的困惑和学习负担。

（二）教材的开发

人教版五年级上册教材安排了"组合图形的面积"一节内容，值得一提的是，这里只限于讨论直线型的组合图形，仅要求学生会认识简单的图形并求出它们的面积。但是，人教版教材六年级上册在《圆》这一单元中，穿插安排了很多有关圆的组合图形的例习题，其中不仅涉及求其面积，而且要求求出周长（例如教材中求拱形门、太极图、半圆环、操场跑道的周长等）。

本节课将零散分布的有关圆的组合图形的例习题进行了整合利用，通过在正方形内画最大的圆等一系列数学学习活动，引导学生经历圆的组合图形的形成过程，掌握计算组合图形的周长和面积的基本思路和方法，渗透转化、分类、优化等数学思想方法，从而培养学生的直觉思维、求异思维、创新思维等，真正实现对教材的有效开发，使学生进行系统化、结构化学习。

（三）理论的践行

范希尔理论将学生的几何思维水平分为三个：第一水平，直观水平——要求学生能整体地认识几何对象；第二水平，描述水平——要求学生按照图形的组成部分和组成部分之间的联系来分析图形；第三水平，理论水平——要求学生利用演绎推理证明几何关系，并由此发展逻辑推理能力。与之相一致的是，《义务教育数学课程标准（2022年版）》也明确提出，在教学中应当注重发展学生的空间观念、几何直观、推理意识等核心素养。

但按照范希尔的观点，学生几何思维水平的提升是经由教学，而不是随年龄成长或心理成熟自然而然提升的；不同几何思维水平之间的过渡是不平缓的，是要经历一个"思维的危机"。那么，如何让学生平稳地渡过"思维危机"，促进思维水平的顺利提升？笔者希望，通过对"圆的组合图形"的研究学习，进行一次较为有益的实践行动。在学习过程中利用变式教学，能够很好地实现描述水平向理论水平的平稳过渡；而在此基础上发展起来的逻辑推理能力，能够为下一阶段平面几何知识的学习作以良好铺垫。

基于以上认识，可以对圆的组合图形的周长和面积作进一步的学习探讨，希望在实践中能够有效达成上述三个教前慎思。

二、教学实践

（一）谈话引入，直揭本课主题

课件出示一个正方形和一个圆，动态演示组合成"外方内圆"的过程。

师点名课题：这节课，我们一起探究这类组合图形的周长和面积。

（二）直观操作，体验概念本质

1.初步感知圆的组合图形的周长和面积的本质区别。

课件出示：在边长为 4 cm 的正方形内，如何画一个最大的圆，并计算出它的周长与面积？

学生在课前准备好的正方形内试画后，交流画法并通过计算发现——周长和面积数值相等，单位不同。

师：除了单位不一样，你能从图中指出它们的不同吗？

生（用手比画）：周长是圆一周的长度，面积是指圆面的大小。

[设计意图：设计这一环节的目的，其一，就是将教材中例3"外方内圆"和本单元整理复习第1题"找出外方内圆的圆心和直径"进行有效整合，追本溯源，还原"外方内圆"的形成过程；其二，将圆的直径设为 4 cm，并要求从图形中辨认出圆的周长和面积，就是防止学生只识记单位形式上的不同，而忽略本质上的区别。]

接着要求学生涂出圆与正方形之间的部分，并描出它的周长。

师：同学们，通过描线，你们发现涂色部分的周长由几部分组成？

生1：由一部分组成，就是正方形的周长。

生2：应该由两部分组成，正方形的周长和圆的周长。

生3：不对，我觉得应该是由四部分组成！

看到大家有些疑惑不解，老师示意学生3继续说下去。

生3:我认为是由4个小角组成,所以涂色部分的周长应该是4个小角的周长和。

此时,全班学生出现两种意见交锋,相持不下:一种支持学生2的观点,另一种赞同学生3的看法。

师:图中的小角,我们不妨称为曲边三角形。大家想一想,这4个曲边三角形的周长是不是等于正方形的周长与圆的周长之和?

学生都表示同意。

师:这4个曲边三角形是连接在一起的,中间的点嘛,可以忽略不计,所以我们也可以把阴影部分的周长看作由两部分组成,一个是正方形的周长,一个是圆的周长。

[设计意图:通过涂一涂、描一描,学生意识到涂色区域的大小就是涂色部分的面积,描线的长度就是涂色部分的周长,进一步辨析组合图形的周长与面积的本质区别。特别是讨论到涂色部分的周长,教师引导学生视作由正方形的周长与圆的周长组合而成,且不影响对此类问题的解决和思维的训练,同时也孕伏着"化零为整"的数学思想。]

2.多组图形类比,掌握圆与正方形组合图形的周长和面积的计算方法。

(1)周长的计算方法——化零为整。

教师先让学生在答题纸上描出下列图形中阴影部分的周长,再给出数据——正方形的边长为4 cm,计算并比较阴影部分周长的大小。

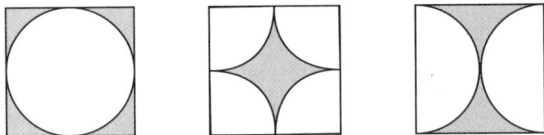

师:通过刚才的描线,我们知道第一幅图阴影部分的周长=正方形的周长+圆的周长。

师:第二幅图阴影部分的周长是什么?第三幅图呢?

生1:第二幅图阴影部分的周长是4个$\frac{1}{4}$圆周的长,第三幅图阴影部分的周长是2个$\frac{1}{2}$圆周的长+2条正方形的边长。

生2：第二幅图阴影部分的周长等于一个圆的周长，可以把4个$\frac{1}{4}$圆周拼

成一个圆，第三幅图中2个$\frac{1}{2}$圆周也可以拼成一个圆。

师：同学们，请想一想，哪一种方法计算简单呢？

此时，许多学生都赞同生2的做法，认为这样较为简单。

[设计意图：针对第二、第三幅图，引导学生先观察图形的特点，运用化零为整的思想，将其转化为求圆的周长，这样计算较为简单，同时也体现出优化的解题策略。]

（2）面积的计算方法——割补法（平移或旋转）。

课件出示，让学生观察比较上述三个图形各个阴影部分的面积，又有什么发现？学生猜测后，教师再给出数据，让学生在答题纸上算出它们的面积。

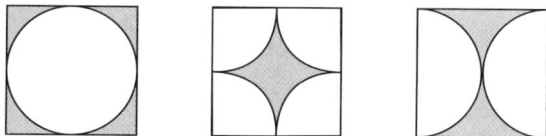

师引导学生得出：可以通过旋转或平移将4个$\frac{1}{4}$圆和2个$\frac{1}{2}$圆转化成一个圆，所以阴影部分的面积=正方形的面积-圆的面积，进一步验证三个图形阴影部分的面积是相等的。

出示下图，让学生观察比较，又有什么发现？并在答题纸上算出第二幅图的周长和面积。

生1：这两个阴影部分的周长相等。

生2：阴影部分面积不相等。

师追问理由是什么？生思考后，纷纷举手。

生1：它们的周长=一个圆的周长+正方形两条边的长。

生2：第一幅图阴影部分的面积=正方形的面积-圆的面积；第二幅图阴影部分的面积=正方形的面积。

师继续提问生2：你是怎样想的？

生2：第二幅图阴影部分的面积之所以等于正方形的面积，是因为可以把左边的半圆割下来，向右平移，就补成一个正方形了。

教师课件演示割补过程，通过直观操作再次验证结论的正确性。

[设计意图：教师通过课件动态演示平移过程，将其面积转化为求正方形的面积和圆的面积，使学生再次感受割补法（平移或旋转）在求圆的组合图形的面积时所体现出来的魅力！]

3.拓展延伸，探究圆与长方形组合图形的面积。

（1）课件动态演示：将正方形拉长为长为13 cm，宽为4 cm的长方形，如何剪一个最大的圆？至多能剪几个？

同桌之间讨论交流，在课前准备好的长方形内试画，看一看如何剪最大的圆，至多能剪几个。

学生汇报操作结果：至多能剪3个最大的圆。

师继续提问：要想剪4个，怎么办？5个呢？

生：要想剪4个，长要再加长3 cm变成16 cm。

师：你能列出算式吗？

生：13÷4=3（个）……1（cm）。

课件演示剪的方法和剪的个数，使学生明晰：长方形的宽决定圆的大小，长决定圆的个数。（如下图）

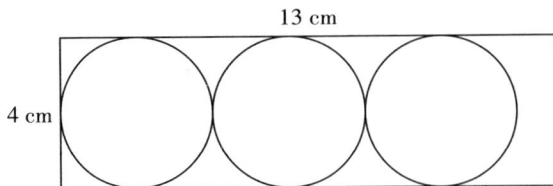

（2）余下部分的面积是多少？

通过刚才的剪画，容易得出：余下部分的面积=长方形的面积-3个圆的面积。

[设计意图：教师利用变式教学，改变条件，将正方形拉长为长方形，探究"如何剪最大的圆，最多能剪几个，余下部分的面积是多少"等一系列问题，为学生提供尝试发展的阶梯。由于前期的铺垫，学生很容易将正方形内画最大圆的方法类推到长方形内，并且发现剪圆的多少由长方形的长决定。再求余下部分面积是多少时，学生类比联想到正方形内阴影部分面积，再次理解两者的本质相同之处，使问题得以顺利解决。这一环节的设计，别具匠心，让学生的思维拾级而上，既增强了学习信心，又锻炼了迁移能力。]

（三）提升练习，优化解题策略

1.不必计算，比较下面阴影部分的周长和面积。（单位：cm）

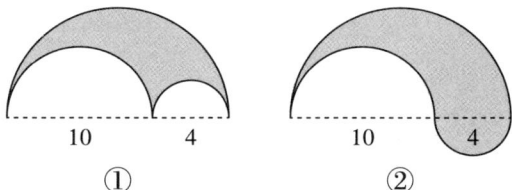

不必计算，教师仍给出数据的目的，让学生认真读取图中的数字信息，读懂阴影部分都是由三段分别相等的半圆弧组合而成。继而得出论断：周长相等；面积不相等，图②阴影部分面积大且大出一个直径为4 cm的圆的面积。

[设计意图：考虑到教材已安排求图②阴影部分周长的练习，在这里我们引入图①与图②进行类比，其目的就是有意识培养学生在解决组合图形问题时养成先观察再判断的习惯，进一步提升学生的几何直观水平、描述水平和理论水平。]

2.求下图阴影部分的面积和周长。

课件出示：如图所示，已知长方形的面积等于圆的面积，圆的半径是10 cm。求：（1）阴影部分的面积；（2）阴影部分的周长。

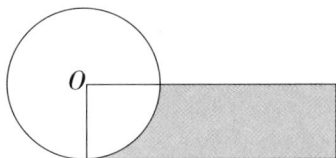

师引导学生观察、交流，并将计算过程写在答题纸上，汇报结果。

生1：$3.14×10^2=314$（cm²），$314×\frac{1}{4}=78.5$（cm²），$314-78.5=235.5$（cm²）。

生2：$3.14×10^2-3.14×10^2×\frac{1}{4}=3.14×100×\frac{3}{4}=235.5$（cm²）。

生3：$3.14×10^2×\frac{3}{4}=235.5$（cm²）。

通过比较发现，生3的解法最为简单，此时师让生3说说理由，试着给大家一个合理的解释。

生3：刚开始的时候，我并没有急于计算，而是先观察这幅图，发现长方形与圆重叠的部分是$\frac{1}{4}$圆，而长方形的面积等于圆的面积，所以阴影部分的面积就等于$\frac{3}{4}$圆的面积，于是直接写出算式：$3.14×10^2×\frac{3}{4}=235.5$（cm²）。

师：这位同学的想法非常好，在这里他运用了一个很重要的数学思想方法——等积代换，就是把求长方形中阴影部分的面积转化为求$\frac{3}{4}$圆的面积，而这种思想在我们求组合图形重叠问题的时候会经常用到。

师及时总结：先观察再计算，是解决组合图形问题的好习惯，它能使计算过程变得十分简单。

至于求阴影部分的周长，可让学生先观察图形的特点，引导学生运用化零为整的思想，将阴影部分的周长转化为求长方形的2个长+1个$\frac{1}{4}$圆周长。

[设计意图：针对这一问题，教师首先让学生认真读题、看图，然后组织学生交流讨论，呈现不同的解题策略；最后，师生共同评价总结，选择最优化的解题策略——等积代换和化零为整，将阴影部分的面积转化为求$\frac{3}{4}$圆的

面积和将阴影部分的周长转化为求长方形的2个长+1个$\frac{1}{4}$圆周长。这一环节，充分体现出算法的多样化和优化，有利于学生思维品质的提升。]

（四）梳理沟通，构建知识网络

教师通过总结式提问"这节课，我们是怎样学习的"，引导和帮助学生回顾学习过程，梳理沟通知识联系，并对知识内化建构。

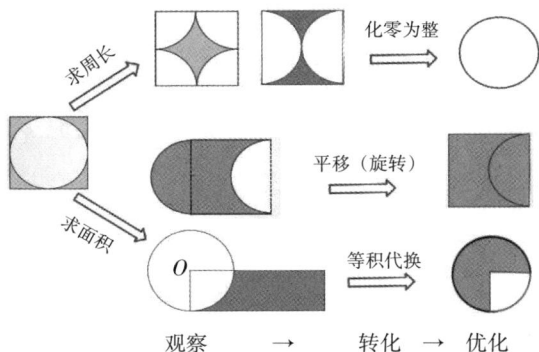

借助上述的整合活动，学生将所学知识内化成自己的观点和思想，把图形对象和关系统一进化到一个新的思维领域，从而获得了新的思维水平。

三、教后感悟

（一）组织学习材料，达成教学目标

心理学研究表明：学习材料只有组织成系统，才会被学生迅速、准确而牢固地掌握并迁移，而这个系统应该是有序的、有层次的。

首先问题导入，研究正方形内如何画最大的圆，让学生动手画一画、涂一涂等，初步感知组合图形的周长与面积的本质区别；再探究圆与正方形的组合图形的面积与周长的求法，渗透图形运动、类比转化、优化算法等数学思想。

接着拓展延伸，将正方形拉长为长方形，探究能剪几个最大的圆和余下部分的面积是多少，让学生动手操作，经历圆与长方形组合图形的面积的形成过程。

最后提升练习，让学生交流解题的策略，并在不同策略中优化学生的思维品质。

本节课，以问题为任务驱动，不断地激发学生的探究欲望，最终促进教学目标的有效达成。

（二）设计变式练习，提升思维水平

在研究圆与正方形的组合图形的周长和面积时，采用一图多变、多图类比的教学策略，利用几个不同的图形变式，使学生掌握此类组合图形的周长和面积的计算方法，并感悟其中的转化思想（化零为整、割补平移）和优化思想。

在练习第1题中，设计成两个组合图形的组成元素相同，组成形式不同，而且要求不计算比较大小，其目的就是要培养学生的直观水平、描述水平。练习第2题，要求学生运用等积代换和化零为整的思想方法，学会选择优化的解题策略，注重发展学生的逻辑推理能力。

利用变式教学，让问题实现了有机串联，有利于学生加深对问题本质的理解，建构完整、合理的知识网络，使得思维过程具有合适的梯度，最终促进思维水平的顺利提升。

《周髀算经》指出：数之法出于圆方；圆出于方，方出于矩。本节课，仅借助圆、正方形、长方形这三个最基本的图形，进行巧妙组合，以点串线，就让学生经历了知识的发生和发展过程。在观察、操作、独立思考中，学生掌握计算圆的组合图形的周长和面积的基本方法；在观察、比较、交流讨论中，学生灵活选择解决方案，优化解题策略，不断地拓展几何思维空间。数学的本质在于思考的充分自由，因此，在学习数学知识的过程中，要教会学生如何思考；在问题解决的过程中，要让学生的思维在方圆之间畅游、提升。

从统计的角度理解平均数

——"平均数"的教学实践和思考

一、教前慎思

"平均数"是第二学段中刻画数据集中趋势的重要统计量，也是小学阶段最主要的统计量，属于"统计与概率"的学习领域。在"平均数"的教学中，教师更多关注的是对算法的理解，把用"总数÷对应的份数=平均数"作为教学重点。而新课程标准特别强调，从统计学的角度来理解平均数，即理解平均数的意义，加深对平均数性质的了解，准确地运用平均数解释生活中的现象以及解决生活中的实际问题。

鉴于以上考虑和结合四年级学生的认知水平，我们应该转变教学重点，将重点放在平均数的统计意义上，即"为什么要学习平均数"和"平均数有什么用"，并从学生身边的真实情境出发——如何比较班级整体成绩，将平均数的概念、计算和特征进行有机串联，实现结构化的学习。在深化平均数概念理解的同时，体现对"数据分析"这一核心素养的观照和落实。

二、教学实践

（一）谈话引入，揭示课题

师板书课题：平均数。

师：看到这个题目，你能提出什么问题？

生1：什么是平均数？

生2：平均数有什么特点？

生3：怎样求平均数？

生4：平均数有什么作用？

师逐一板书关键词：意义、特征、计算、作用。

师：今天这节课，我们就一起学习有关平均数的知识。

[设计意图：针对课题，学生自主提问，教师整理并引入本节课所要探讨的核心问题——意义、性质、作用等，从而激发学生学习探究的欲望和培养学生的问题意识。]

（二）自主探究，感悟本质

1.感知平均数产生的意义。

师：生活中，有谁见过或听说过平均数吗？谁来说说？

生：平均身高，平均体重，平均分……

师：平均分？在哪里见过平均分？

生：计算班级成绩。

师：班级成绩和平均分有什么关系？

生：平均分越高，班级成绩越好，平均分越低，班级成绩越差。

师：你的意思是：平均分代表这个班级的整体水平，对吗？

生：对。

师：平均分是怎么来的？你们知道吗？

生：把我们班所有同学的分数加起来，再除以全班人数就是平均分。

师：把所有同学的分数加起来，得到的是什么数？

生：班级总分。

师：总分不能表示班级成绩吗？

生：能。

师：为什么还要算平均分？直接比较总分不就行了吗？总分越高，班级成绩就越好。你们同意吗？同桌之间可以讨论一下！

生：不同意！班级人数不一样时，比总分不公平！人数多的，总分多，但平均分不一定多，所以不公平。

师出示数据：数学是讲道理的，我们要用数据来说话！

师：这是两个班期末考试的成绩。观察这些数据，你有什么想法？

四年级X班数学检测成绩	
总　分	4224
平均分	88

四年级Y班数学检测成绩	
总　分	4449
平均分	87.2

生：X班总分少，但平均分高；Y班总分多，但平均分低，原因可能是Y班人数较多。

师：准确的判断是X班48人，Y班51人。人数不一样，总分不相等。那人数一样的时候，比总分行不行？

生：行！

师：所以说，当两组数据的个数不相等时，用平均数比较更公平！

[设计意图：通过寻找生活中的平均数，对接学生的已有经验，顺势引出"平均分"这一真实贴切的现实情境，并引发学生思考。在质疑、交流、思辨中制造认知冲突：人数相等时，可以比较总数；人数不相等时，比较总数不公平。这就迫使学生主动寻求新的平衡，自然而然地引导学生理解平均数产生的意义——用来比较不同样本数的两组同类数据的大小。]

2.经历平均数的计算过程。

师：这两个平均分，你知道是怎么算出来的吗？谁来说说？

生：把每位同学的分数加起来，再除以人数。

师：也就是把所有人的分数先合起来，然后再分，也就是"先合后分"。

师：其实，老师现在计算平均分，经常用到一个电脑软件——Excel表格。

师课件出示Excel表格：这是四年级X班的数学成绩，谁再来说说，怎么计算它的平均分？

生：先把这些同学的分数加起来，再除以48，就行了。

师：你的计算方法是"总分÷人数"，就是平均分。回答得很好。

师：这里，我们不用一个个地加，可以借助Excel直接计算出这些分数的和：100+100+…+55.5。

师演示过程：选中所有分数，求和（100+100+…+55.5=4224）。

师：接下来，该怎么办？

生：用4224÷48，求出平均分。

师：请同学们拿出纸和笔，认真地计算一下，平均分是多少？

学生计算，汇报结果：4224÷48=88。

师：电脑和你们的想法一样，也是用4224÷48，计算结果和你们一样吗？请看大屏幕！

师继续演示Excel：点击"平均值"，弹出"88"。学生看到这里，立即鼓起掌来。

师：我们可以用"先合后分"的方法来计算平均数。

师板书：（100+100+…+55.5）÷48=88，先合后分。

[设计意图：本环节采用合作交流、动手计算的方法，引导学生经历平均数的计算过程，让学生根据已有知识和经验探索出"先合后分"求平均数的方法。同时，借助新信息技术Excel软件，化解计算平均分的困难，提高学习兴趣和课堂效率，实现新技术与数学思想的有机融合。]

3.探讨理解平均数的特征。

师：看到这个平均数88，你有什么想说的？

同桌之间互相讨论交流，发表自己的看法。

师：平均分88分，是谁的成绩？（班级的平均成绩。）是不是每个人都是88分？你怎么理解？

生：不是的，它代表班级的整体水平。（师板书：整体水平）

生：有的可能是88分，有的比88分高，有的比88分低。

师：平均分要比最高分低，比最低分高，介于两者之间，我们说它具有趋中性。（师板书：趋中性）

师：同学们，请观察数据，这里也有个88分，和平均分88分一样吗？

88
86
85
85
84
80
80
80
79
77
77
75.5
72
69
66
55.5
4224
88

生：不一样。这个88是个人成绩，而平均数88代表班级的整体水平。

课件显示：四年级Y班的分数统计表。（略）

师：看到平均分87.2分，你又想说些什么？

生1：87.2分代表Y班的整体水平，没有X班成绩好。

生2：87.2分比最高分低，比最低分高。

师：分数统计表里有学生考87.2分吗？为什么？

生：没有，因为试题分值均是5的倍数，试卷的分数加起来，要么是整数，要么是几十几点五，不可能是87.2。

师：真是善于分析的孩子。平均分可以和一组数据里的数相等，也可以不相等，这说明平均数是一个虚拟的数。（师板书：虚拟性）

师：看到87.2分，你觉得同学们的成绩还有上升的空间吗？怎样提高平均分？

生：每个学生再努力些，多考几分，平均分就上去了。

生：把最低分去掉，平均成绩也能提高上去！

师：是这样的吗？任意一个分数增加，平均分就会上升？

师再次借助 Excel 演示变化过程，学生发现：每一个分数增加，都会提高平均分。

师：把最低分去掉，平均分也会增加吗？

师演示：平均分也会增加。

师：同学们想一想，把最低分去掉，意味着什么？

生：不让他考试。

师：这样公平吗？你有什么好的建议？

生：鼓励他努力些，多考几分，或者帮助他，让他提高成绩，这样我们的平均分就高了。

师：真是一个善良优秀的孩子！每个人都努力些，平均分就会提高，就能提高班级的整体水平！

师：通过刚才的分析：每一个分数变化，平均数都会变化，表明平均数具有敏感性。（师板书：敏感性）

[设计意图：作为描述数据集中趋势的统计量之一，平均数具有趋中性、虚拟性、敏感性等多种特征，教学时精心选择"平均分"这一结构化的材料，巧妙地将这些特征逐一呈现，进行有机串联。在不断对话、质疑、思考中，加深学生对平均数特征的感悟，使学生对平均数的认识更加全面、立体、丰富。如此，学生的数据分析观念和情感教育便在悄然中生成。]

（三）理解应用，深化认识

1.课件出示：我校男队定点射门进球个数的统计图。

师：下面是我校男队定点射门进球个数的统计图。估一估，这个球队的平均成绩是多少？你是怎么估出来的？

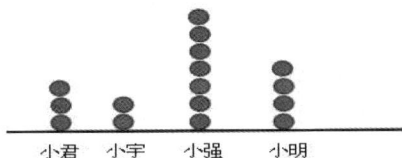

学生独立思考，呈现不同算法。师生共同归结"移多补少"的计算平均数的方法。

[设计意图：利用直观统计图，学生通过观察、移摆、估算，掌握"移多补少"计算平均数的方法。这个利用直观形象帮助学生理解平均数的过程，体现了问题解决的多元性。]

2.课件出示：全国10岁男女儿童平均身高、平均体重标准。

10岁男童标准表		10岁女童标准表	
平均身高/cm	平均体重/kg	平均身高/cm	平均体重/kg
140.2	33.7	140.1	31.8

师：这里的平均数是怎么得来的？

生：是全国所有10岁男童的身高加起来再除以他们的总人数。

师：可是全国10岁的男童那么多，真的要把他们一个一个加起来计算吗？

生：不用。

师：那采取什么样的方法呢？在我们统计学中，有一种方法叫作抽样，选择一部分拿来作参考，然后得出这样的数据。

师：同学们了解自己的身高和体重吗？请与全国儿童平均身高、体重进行对比，你发现了什么？

学生讨论后报告。

师：平均数的作用可真大呀！它不仅让我们清楚知道要合理饮食，还要加强锻炼，健康快乐成长！

[设计意图：选用"全国10岁儿童平均身高、体重"这一素材，巩固平均数的算法，并根据自身与表内数据作对比，让学生学会分析数据，并作出相

应的判断和决策,体会平均数的实用价值。]

3.课件出示:明明参加数学口算测试,前三次平均分是95分,如果他第四次测试考了91分,那么平均分有什么变化?考了99分呢?

师:同学们,想一想,再算一算,验证你的猜想是否正确?

学生在答题纸上试做,同桌交流,然后汇报,进一步感受平均数的敏感性:平均数会随每一个数据的变化而变化。

[设计意图:通过变式练习,学生知道根据平均数算总数,再根据总数求平均数的方法,体会平均数的不稳定性,为以后深入研究平均数埋下伏笔。]

(四)课堂总结,交流收获

师:通过这节课的学习,你有什么收获?

师将板书结构化,利用课件回顾学习过程。

三、教后感悟

本节课从统计的角度重构"平均数"的教学,实现平均数教学目标的准确定位,即从"算法"水平理解平均数转变为从"统计学"角度理解平均数。

(一)关注认知需求,体悟统计的必要性

有效的教学情境既要有趣,又要能引起学生的思考。这节课,从学生经常接触的"全班考试成绩平均分"这一真实的问题情境展开对平均数的学习,引领学生发现问题"两组数据个数不相等时,不能比总数",从而激发学生的认知需求,顺势引入平均数,体会平均数的公平性和学习的必要性。

(二)探究平均数特征,理解平均数的意义

本节课注重学生的体验与参与。在自主探索、动手操作、合作交流中通过解决"哪个班成绩好"的问题,引导学生思考并经历求平均数的过程,掌握"先合后分"的方法，并在巩固练习中，运用"移多补少"的方式，进一步感受平均数的本质。针对平均分"88"和"87.2"，学生在质疑、思辨中，理解平均数的介值性、虚拟性和敏感性，加深对平均数的整体理解，培养数学思维。

（三）关注知识应用，发展数据分析观念

数据分析是统计的核心。"理解应用，深化认识"这一教学环节，从学生熟悉的男队定点射门、全国10岁儿童平均身高体重标准等生活中的平均数入手，引导学生经历数据分析，尝试运用平均数解释生活现象，并对现象作出合理的推断和决策，逐步形成决策合理的问题解决的能力。这样的学习，既有利于发展学生解决问题的能力，同时也有利于培养学生的应用意识。

设计核心问题，促进意义建构

——"集合"的教学实践和思考

一、教前慎思

"集合"是人教版三年级教材"数学广角"的内容，其编排意图以渗透集合思想为主线，在充分探究和体验中，理解韦恩图的意义和价值，进一步感受集合并、交、差的关系。"集合"是一节内涵丰富、承载很多思想方法的课，之所以选择这节课进行实践研究，缘于一次主题教研活动。同样是一节"集合"课，听后引发了我诸多的思考……

（一）学生对集合有感觉吗

"集合"单元，渗透"集合思想"毋庸置疑。那么，什么是集合呢？很多学生对此是陌生的。学生直到小学毕业都在不断地接触集合，但仍有学生不知集合的概念和价值。比如，刻画多边形之间的关系，找最大公因数和最小公倍数等，都运用了集合的思想方法，但不少学生对"集合"的认知仍是"无感"的。其实，"集合"是一个极其朴素的概念，就是具有某种特定性质的对象汇总而成的集体。因此，教师要理解教材的编排意图，基于学生的认知经验，让他们感知集合就在身边，并体会集合的应用价值。

（二）为何"圈"不出集合图

很多执教此课的老师都会产生疑惑：为什么学生想不到"画圈"？是前面的教学缺乏渗透，还是没有体会到画圈的优势而对此不能产生强烈的需求？其实，很多老师都做过尝试，设计出富有创意的情境进行提前铺垫，比如，用呼啦圈给比赛队员分类；用"圈"圈出爷爷、爸爸、孙子三者的关系。两种问题情境，异曲同工，教师都提供了两个圈，帮助学生理解事物之间的关系。可是在实际教学中遭遇了"尴尬"，学生仍然想不出用圈表示集合的关系。由此看来，教师应该关注学生的内在需求，激发学生的探究欲望，让其感受画"圈"表示关系的绝对优势，自主创造出"集合图"，而不是教师提前渗透，一厢情愿地强加给学生。

（三）怎么不出现算法多样化

教学中，教师引导学生观察韦恩图并说出每一部分意义，然后让学生独立思考计算"两个集合一共多少人"，期待学生想出多种不同的计算方法。可事与愿违，学生呈现的算法通常只有两种：总人数-重复的人数=实际总人数；不相交三部分的人数相加。面对"读图简单与列式单一"的教学困境，算法的多样化和优化，该如何体现？教师该设计怎样的学习活动，引导学生多角度识图析义，读出图的丰富内涵，从而生成多样的算法？

鉴于以上"集合"教学实践中存在的困惑和不足，我们要直面这些"痛点"，基于学生的认知经验，创设真实的问题情境，引发认知冲突，促进学生积极探究；要注重知识内容的结构化，设计核心问题，关注集合图的产生和来源，感悟集合的本质和价值，实现自主学习和意义建构，促进学生核心素养的发展。

二、教学实践

（一）谈话引入，激发兴趣

师：同学们，生活中听说过"集合"吗？体育课上老师吹哨是干什么？

生：集合。

师（课件出示操场男女生站队情境）：集合以后，老师往往让男生集中站一队，女生站一队。

师：这里每个男生都是不同的个体，但他们站一队就是一个集合（板书：集合），所有的女生也构成了一个集合。

师：接下来，体育老师有时候想知道学生有没有到齐，会怎么做？

生：报数或点名。

师：对，报数或点名，就是数一数男生所在的集合有多少人，女生有多少人。两个集合的人数加起来，就是到场的总人数——一共多少人。

师：今天，这节课我们就一起数一数、算一算——两个集合一共多少人？（板书：集合——一共多少人？）

[设计意图：集合，顾名思义，就是具有某种共同特质的事物汇集在一起，这与体育课上的"集合"（同属于某个班级的同学）本质上是相通的。因此，教师通过创设熟悉的情境——体育课男女生集合站队，初步感受集合的思想和应用，并基于集合的认知巧妙联系加法的意义，从而揭示学习的目的，激发探究的欲望。]

（二）出示问题，引发冲突

课件出示：三（1）班同学报名参加体育健身赛。参加跳绳比赛的有6人，参加踢毽子比赛的有5人，参加跳绳和踢毽子的同学一共多少人？

引导学生明白：这里有两个集合，一个是参加跳绳的，一个是参加踢毽子的。

师：需要解决什么问题呢？（一共有多少人？）

生：6+5=11（人），即把参加两个活动的人数加起来。

师：把两个集合中的人数加起来就得到总数，这是以前学习过的加法。

［板书：6+5=11（人）］

课件出示比赛名单（如下图），引发认知冲突。

跳绳	踢毽
杨　明	刘　红
陈　东	于　丽
李　芳	周　晓
刘　红	杨　明
王爱华	朱小东
马　超	

师：看到这个名单，你有什么发现？

师：有重复参加的。

师：像这样有重复、重叠现象的问题，在数学上叫作重复（重叠）问题。

（板书：集合——重复——一共有多少人？）

师：刚才同学们都同意把重复的2人去掉，就是参加比赛的实际人数。那么为什么要去掉重复的2人？你有什么办法来验证自己的想法？

师：看来这样的记录方式不够清楚，不利于观察和计算。大家想想办法，怎样重新设计一下这份名单，能让我们看得更清楚些。

［设计意图：利用体育课比赛的情境，教师巧妙设置认知障碍，引导学生观察思考"少2人"的原因。"为什么要去掉重复的2人？你有什么办法来验证自己的想法"，将学生的思维引向问题的本质，为怎样科学、简洁地整理名单做好铺垫。］

（三）动手探究，交流展示

1.呈现操作方法。

课件出示活动要求：4人一组。

（1）请分一分、圈一圈或者摆一摆，重新设计一个名单。

（2）既能清楚地看出"重复的是谁"，又能清楚地看出参加比赛的一共有9人。

（3）小组讨论并把方法说一说。

教师分发带有名单的磁性操作板，学生操作后汇报作品。

作品1：重复的名单，都圈出来或者连起来。

跳绳	踢毽	跳绳	踢毽
杨　明	刘　红	杨　明	刘　红
陈　东	于　丽	陈　东	于　丽
李　芳	周　晓	李　芳	周　晓
刘　红	杨　明	刘　红	杨　明
王爱华	朱小东	王爱华	朱小东
马　超		马　超	

引导学生分析：通过连一连和圈一圈的方式，能清楚地看出重复的是谁，重复了几人，但不能直接看出一共有多少人。

作品2：重复的名单，都摆在前面。

跳绳	踢毽
杨　明	杨　明
刘　红	刘　红
陈　东	于　丽
李　芳	周　晓
王爱华	朱小东
马　超	

学生评价这一作品：重新设计了名单，将名单进行了分类，能非常直观地看出重复的是谁，但仍不能一眼看出一共有9人。

作品3：重复的名单放在中间。

跳绳		踢毽
陈　东		于　丽
李　芳	杨　明	周　晓
王爱华	刘　红	朱小东
马　超		

师：这是9人吗？

生：是。

师：把名单放在中间，表示什么意思？

生1：说明这2人既参加跳绳，又参加踢毽子。

师：这里老师有一个疑问，但在别人眼里，很有可能认为这两人什么都没有参加呀？那该怎么办呢？

生2：用线把他们俩分别连到跳绳和踢毽上。

师：用连线的方法很简洁，能清楚地表达刘红和杨明两项比赛都参加了。

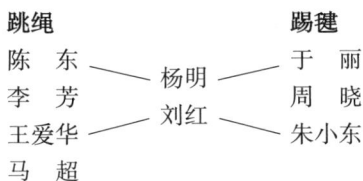

```
跳绳                    踢毽
陈 东 ————— 杨明 ——— 于 丽
李 芳          刘红       周 晓
王爱华 ————————————— 朱小东
马 超
```

师：除了用连线的方法，还有没有更好的标识方法，表明刘红和杨明既在跳绳的集合里面，又在踢毽子的集合里面呢？

生3：圈一圈，把杨明和刘红分别圈到跳绳和踢毽子里面去。

教师请生3上台前圈一圈，此时出现"韦恩图"的雏形，掌声不由自主地响了起来。

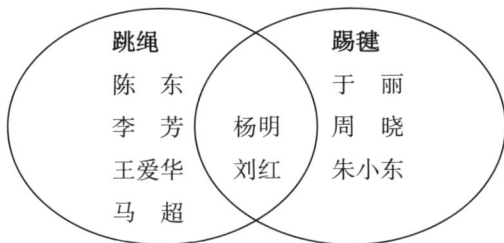

[设计意图：教师并没有直接呈现教材中的静态的韦恩图，而是以问题串为导向"逼"着学生"创造"韦恩图。"名单有重复但不直观怎么办？""重复名单都摆在前面能看出共9人吗？""还有没有更好的标识方法？"通过质疑问难，逐步逼近，让学生在思辨修正中经历和体验韦恩图的"创造"过程，进而为精准理解和流畅表达韦恩图的集合意义提供认知基础。]

2.理解集合意义。

师板贴红蓝两个集合圈,让学生将姓名贴在两个圈里。

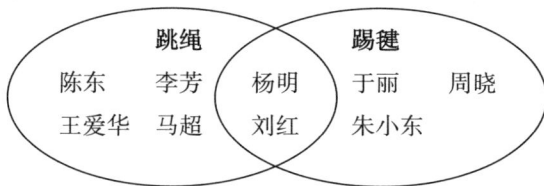

跳绳　　　　　　　**踢毽**

陈东　　李芳　　杨明　　于丽　　周晓

王爱华　马超　　刘红　　朱小东

(1)看图识义。

让学生认真观察,充分讨论交流集合圈任一部分的含义,学会用"只""既""又"等关键词。

(2)游戏强化。

师出示"李军"姓名贴,贴在不同区域——重叠区域、左右月牙部分、圈外(什么活动都没参加),让学生说说他参加了什么活动。

(3)课件介绍韦恩图。

[设计意图:在学生清晰分类的基础上,本环节通过摆图贴名字、辨图析义、游戏互动、课件演示等一系列的数学学习活动,帮助学生从不同的角度观察韦恩图,并深刻理解韦恩图的丰富内涵,感知集合意义——具有共同特征的一个整体,初步渗透集合思想。]

3.列式理解算理。

师让学生对照集合图数一数、算一算有多少人参加比赛,并展示作品。

①6+5-2=9(人);②4+2+3=9(人);③6-2+5=9(人);④6+(5-2)=9(人)

师要求学生解释第一个算式的算理。

生:6是参加跳绳的人数,5是参加踢毽子的人数,然后要减去重复计算的2人,就是9人。

师:借助图能更加清楚地说清算式的含义,谁能说一说第二个算式的算理。

生:只参加跳绳的人数加上两项都参加的人数,再加上只参加踢毽子的人数。

师：看成三个集合，没有重复的，可以将集合中的人数直接相加。

学生结合集合图，依次汇报其他两个算式③④的含义（也是看成没有重复的两个集合，可以将人数直接相加）。

师：思考的角度不同，列出的算式也就不同。我们发现：其实只要把集合图看成几个没有重叠的部分就可以直接相加了，有重复要减去重复的一次。

[设计意图：对照韦恩图，解释所列算式，理解"重复的为什么要减去"的道理，同时，触及知识的本源问题，凸显集合概念的本质——两个集合的并集是一个新的集合，其中元素不允许重复，所以要减去。]

（四）拓展练习，深化认知

课件继续出示比赛情况：三（1）班同学报名参加体育健身赛。参加跳绳比赛的有10人，参加踢毽子比赛的有9人……

师：这次体育班长没有马上向体育老师汇报人数，而是在想到底有没有19人？为什么？

生：可能有重复的。

师：如果有重复，可能有几人重复？一共多少人？

学生充分讨论交流，依次汇报可能重复的人数，课件逐一呈现。

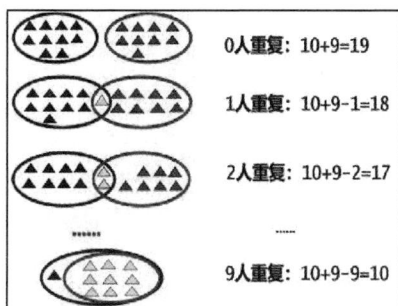

师：观察这些图和算式，你又有什么发现？

生1：人数最多是19人。（为什么？）没有人重复参赛。

生2：人数最少是10人。（为什么？）参加踢毽子的都参加了跳绳，最多只能重复9人，所以人数最少是10人。

生3:我还发现,重复几就用总数减几。

师:若再遇到两个集合重叠问题,我们要么选择用集合圈表示,便于理解,要么可以直接列式计算:两个集合的总人数–重复的人数=实际总人数。

[设计意图:本环节设计变式练习,通过问题串,引导学生掌握"重复几就用总数减几"的算法,体现算法的优化和模型思想,也加深和丰富学生对集合思想的理解。]

（五）课堂总结

课件展示学习流程图:

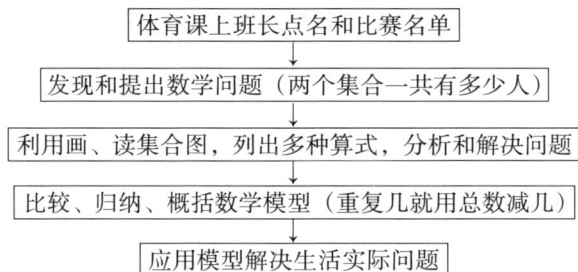

```
┌────────────────────────────────┐
│ 体育课上班长点名和比赛名单      │
└────────────────────────────────┘
        ↓
┌────────────────────────────────────┐
│ 发现和提出数学问题(两个集合一共有多少人) │
└────────────────────────────────────┘
        ↓
┌──────────────────────────────────────┐
│ 利用画、读集合图,列出多种算式,分析和解决问题 │
└──────────────────────────────────────┘
        ↓
┌──────────────────────────────────────┐
│ 比较、归纳、概括数学模型(重复几就用总数减几) │
└──────────────────────────────────────┘
        ↓
┌────────────────────────────┐
│ 应用模型解决生活实际问题    │
└────────────────────────────┘
```

[设计意图:回顾和整理本节课的学习过程,串联所学知识与技能,感悟其中的思想与方法,进一步完善认知结构,培养学生解决问题的能力。]

三、教后感悟

本节课紧紧围绕"为什么重复的人数要减去,如何验证你的想法"这一核心本源问题,精心创设教学情境。在经历"名单分类、识别集合图、列式计算"等数学活动中,学生体验算法的多样化和优化策略,感悟蕴含的思想方法,促进数学思维发展,培育数学核心素养。

（一）基于认知经验,实现情境结构化

《义务教育数学课程标准(2022年版)》在"教学建议"中指出:要"注

重教学内容的结构化"，要"注重创设真实情境"。数学学习要尊重学生的认知经验，注重问题的情境化，因为情境化的课堂教学更能激发学生的学习兴趣和探究欲望。

课始，借助学生熟悉的生活素材——体育课上男女生各站一队的情境，让学生初步感受集合的概念。接着，创设报名参赛的情境，让学生发现数学问题"有重复报名时，总人数应该是多少"。在层层设疑中，经历集合图的形成过程，进行知识的再创造。最后，设置练习巩固，巧妙设计重新报名参赛环节，深化学生对数学模型的认识，丰富集合意义。

本节课学生掌握了知识与方法，实现数学学习的情境真实化、材料结构化、知识系统化。

（二）以问题为驱动，关注认知冲突

问题引领是帮助学生学会思维，实现深度学习的重要途径。

教学中，教师精心设计核心问题"为什么重复的人数要减去，如何验证你的想法"，将这一生活常识引向集合的本源问题——集合的本质要求元素具有互异性，而解决集合重复问题就是计算有多少个不同元素。并以此为任务驱动，设计"问题串"：名单重复怎么办？怎样设计名单更清晰？为什么重复的人数要减去？该怎样列式计算？在层层设疑的认知冲突中，"逼迫"学生想到用分类的方法重新整理名单，最终自主"创造"出韦恩图。

当学生呈现个性化的算法后，教师追问"为什么后三种算式中可以直接相加"，在又一次的认知冲突中，学生体会加法原理与集合并集的关系，感知集合的意义和价值。

（三）设计探究活动，促进意义建构

数学研究的核心意义在于探索和理解，而探索是儿童心灵深处的渴望。如何让"集合图自然生成""多种算法自然呈现"，教学时要设计一些挑战，舍得花时间，让学生去经历艰难的思考和探索过程，加深对知识的理解和建构。

设计名单环节，学生呈现个性化的表征方法——连线、画圈、重排、文字等，在不断地放弃和修正中，其认识从模糊逐渐走向清晰。当学生将重复名单居中，并用线连向跳绳和踢毽两集合时，韦恩图已经应运而生。"还有没有更好的标识方法，表明刘红和杨明既在跳绳的集合里面，又在踢毽的集合里面呢？"教师一语道破，学生采用大一些的圈进行标识，韦恩图的雏形便喷薄而出。

在真实的理解中，学生享受着来自探索过程的各种惊喜。因此，意义建构是课堂教学的追求。

（四）经历"创造"过程，感悟思想方法

数学学习的过程就是"数学化"的过程，就是实现知识的"再创造"。在数学教育中应当注重数学化的过程，培养学生自己获取数学的态度、思想和方法。

在"创造"韦恩图的过程中，处处渗透着数学思想。重新设计名单，把重复的分开，渗透着分类思想和方法，这也是集合理论的基础；从连线、画圈、标符号到最后韦恩图的成形，学生不断地感受符号意识；韦恩图对比其他名单，形式更简洁直观，内涵更丰富深刻，是表述集合重复问题的最佳方案，体现优化思想。

利用韦恩图解决问题，教师呈现不同的算法，学生解释其中的道理，并归纳概括四种算式的特点，使得数形结合思想、模型意识、集合思想得到进一步渗透。

总之，本节课遵循教材的知识序和学生的学习序，选择了引发学生思考的学习方式，创设了不同层次的探究体验活动，在实现问题解决的过程中，有效达成了"名单分类清楚—集合图自然生成—读图准确表达—多种算法呈现"的多层学习目标，真正让学生站在了素养课堂的正"中央"。

第三辑 // 课例透视

　　《义务教育数学课程标准（2022年版）》在"教学研究建议"中指出："根据教师学习特点，强化基于教学现场、走进真实课堂、解决教学实际问题的教学研究，利用行动研究和反思实践提升教学能力。"也就是说，透视课例，可以培养教师的反思能力和实践水平，最终促进自身专业发展。真正的课例透视，需要聚集主题，围绕主题进行课堂观察，因为主题是观察的灵魂；真正的课例透视，需要关注细节、解析意义，因为捕捉、定格教学细节，可以窥见细节蕴含的教育理念和教学智慧；真正的课例透视，需要对课重新构建创新，促进变化，因为借鉴他人的课，能够获得改变、提升自己，助力构建思维成长的数学课堂。

在追求真实中促进思维成长

——"三角形的内角和"的教学片段和思考

课堂，应当根据学生的已有知识状况和经验基础开展教学；数学课堂，还应该将启发学生思考、发展学生思维作为重要的目标来追求。"三角形的内角和"这节课，就是基于学生的认知事实，在追求真实的"原生态"的学习情景下开展教学的。教师要引领学生经历知识的形成过程，在真正的体验感悟中，不断地聚焦，以促进思维的自然成长。

一、求真：知识经验真实呈现

美国教育心理学家奥苏伯尔说过：影响学生学习的最重要的原因是学生已经知道了什么，我们应当根据学生原有的知识状况进行教学。很显然，要根据学生的已有知识状况开展教学，就必须让学生把这些"已知"暴露出来，了解学生现在在哪里？要到哪里去？接下来，我们要做的就是引导学生思考如何到达那里，如何探寻发现结论或者验证结论。

教学片段：

出示课题：三角形的内角和。

师：看到这个课题，你能提出什么问题？

生1：什么是三角形的内角？

生2：三角形的内角和指的是什么？

生3：三角形的内角和是多少度？

师（拿出一个三角形）：谁上来指一指，这个三角形的内角在哪里？

一学生分别指出三个内角，其余学生同意后，师用彩笔标出内角并板贴，如图。

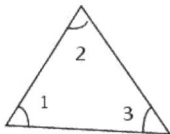

师：那谁来说说什么是三角形的内角和？

生：三角形三个内角的度数之和。

师：谁又知道三角形的内角和是多少度？

学生纷纷举手，当一学生回答后，师追问其他学生——都同意是180°。

师（拿出两个大小形状差异较大的三角形）：这两个三角形的内角和都是180°吗？

仍有很多学生认为都是180°。

师：既然大家都认为三角形的内角和是180°，那么你们是怎么知道的，谁来说说自己的想法？

学生回答，有的是在课本上看到的，有的是在做题时知道的，甚至有的是课外辅导老师讲过的。

师：那么，你们有没有验证过三角形的内角和为什么都是180°呢？又有什么办法能让我们知道三角形的内角和就是180°呢？

生1：可以使用量角器去量三角形每个角的度数，再将它们相加，看看是不是180°？

师：使用量角器，利用数据来说话，用测量的方法验证，非常好！

师：还有没有别的方法？同桌之间可以讨论一下。

生2：我们还可以把三角形的三个角都撕下来，再把它们拼起来就行了。

师：怎么拼？能拼成什么？拼起来就是180°了？

生2：把三个角拼在一起，要能拼成一个平角，不就是180°吗？

师：这位同学的想法很不错，他是通过撕拼的方法来验证的。

师：还有不同的方法吗？（学生有些迟疑，表明还没有想到别的验证方法）看来，目前大家比较认同这两种验证的方法——测量、撕拼。那么，我们就从测量开始吧！

[思考：从师生的谈话中，我们可以明确大多数学生都已经知道三角形的内角和是180°，这是一个数学事实，不再是一种猜测，但是学生从来没有验证过且不明原理。基于先前的知识经验，测量和撕拼的验证方法，学生还是能够容易想到的。所以，教师要直面学生的已有知识和经验，抓住学生的认知起点，为学生真正理解"三角形的内角和为什么是180°"而去展开教学。同时以问题为引领，让学生积极主动地参与到数学活动之中，为思维的发展提供生长的时间与空间。]

二、求思：操作思考真正发生

儿童的思维是从动作开始的，切断动作与思维之间的联系，思维就不能得到很好的发展。动手操作活动正是沟通数学知识抽象性和思维形象性之间的桥梁。所以，在操作活动设计上，教师应该引导学生关注操作的目的、理解操作的要求、演示操作的方法、交流操作的发现，不断地把学生的思考引向深入，让思维的火花在"活动"中闪光。

教学片段：

学生汇报测量的结果，师板书一些数据：180°，179°，182°等。

师：有些同学测量的三角形的内角和不是180°，难道结论不成立吗？这又是为什么呢？

生1：三角形的内角和是180°，只是他们测量得不准确。

生2：他们的答案都在180°左右，这是测量误差造成的。

生3：测量会有误差，哪能测量得那么准呢？

师：没错，使用量角器测量时存在一定的误差。看来测量的方法还不能让人信服"三角形的内角和就是180°"。那么你们还有什么方法可以验证三角形的内角和是180°呢？

生：撕拼的方法。

师出示撕拼的要求，小组合作交流，分享验证成果。

生1(台前演示锐角三角形):我们把三角形纸片的三个角撕下来,刚好可以拼成一个平角,所以锐角三角形的内角和是180°。我的汇报完了,其他同学还有疑问或要补充的吗?

生2:我想问的是撕的时候要注意什么?你们是怎样拼这么快的?

生1:在撕拼的时候,先把三个内角分别标识出来,像老师在黑板上标识的那样,拼的时候要把角的顶点、边重合。

生3:你怎么知道拼的是平角?

生1:我们用直尺验证了,拼成的角的两边在一条直线上。

生4:直角三角形也可这样拼吗?拼成的角也是平角吗?

教师顺势让学生汇报撕拼直角三角形的情况。

学生先拿出一个直角放在实物展台上,教师示意暂停一下。

师:请同学们想一想,你们觉得余下的两个角能拼成一个什么角?为什么?

生:我觉得应该是直角,因为已经有一个角是90°了,另外两个角的和也应该是90°,这样直角三角形的内角和才是180°。

师:分析得很好,但结果是这样的吗?我们一起来见证这一时刻!

教师让学生继续拼摆,其余同学认真观察,发现余下的两个锐角真的拼成了一个直角,并且和原有的直角构成了平角,从而验证直角三角形的内角和也是180°。

同学们不由自主地鼓起掌来。

[思考:教师给予足够的时间和空间,让学生在交流辨析中明白:测量总是存在误差,这种方法验证内角和是否等于180°并不能完全使人信服,因而激起学生对更有说服力的验证方法的探求。在撕拼的实践活动中,让学生互相提问,引发思考撕拼的方法——让角的顶点及边重合在一起。在拼直角三角形的过程中,又让学生思考其余两个锐角可能拼成什么角并说出理由,然后观察验证,同时渗透互余的概念。这样设计教学的目的是避免浅层次的操作,提高操作的思维含量,让学生在真正的体验中积累思维活动经验。]

三、求证：演绎推理自然生长

推理一般包括合情推理和演绎推理。教师应该设计适当的学习活动，引导学生在参与观察、实验、猜想、归纳等数学活动中，发展合情推理和演绎推理。因此，在重视合情推理的同时，尽可能地基于学生的认知水平，通过实例使学生逐步意识到，结论的正确性需要演绎推理的确认，学生要朝着"知其所以然"的方向努力，增强理性精神。

教学片段：

师：同学们，回顾一下，开始的测量验证方法和刚才的撕拼方法，你觉得哪一种方法更接近我们验证的结果——三角形内角和是180°？

生1：测量方法可能量的结果不一样，可能会出现误差。

生2：撕拼方法是把三个角拼成一个平角，而平角就是180°，所以，我觉得撕拼方法会更好一些。

师：那么，老师还有一个疑问：撕拼的方法是不是最好的方法呢？

师播放视频（学生艰难拼角和拼角不够严谨的情景）。

生3：拼角有时会很麻烦，还可能拼不好。

师：大家都知道，数学讲究简洁和严谨，需要用脑思考。那么，有没有一种更为简洁、更为严谨、更具说服力的方法去验证三角形的内角和是180°呢？你们想不想知道呢？

师（课件出示长方形）：这是一个任意长方形，你能把它分成两个完全一样的直角三角形吗？

生：沿着对角线，就把它分成了两个完全一样的直角三角形。

师：那么每个直角三角形的内角和都是多少度？

生：每个直角三角形的内角和都是360°÷2=180°。

师：任意一个长方形都可以分成两个完全一样的直角三角形，所以任意直角三角形的内角和应该是多少度？

生：180°。

师：如果是其他任意三角形呢？我们怎么研究呢？比如锐角三角形（课件出示锐角三角形。）

师：我们能不能把它也分成两个直角三角形呢？同桌之间可以讨论一下。

学生思考，用手比画作高的动作。

师：对，我们可以过顶点作一条高把这个锐角三角形分成两个直角三角形。

师：那么，它的内角和又该怎么计算呢？是两个直角三角形的内角和360°吗？

生：不是，两个直角三角形的内角和是360°，中间的两个直角不是锐角三角形的内角，应该用360°−90°×2=180°，所以锐角三角形的内角和是180°。（如下图）

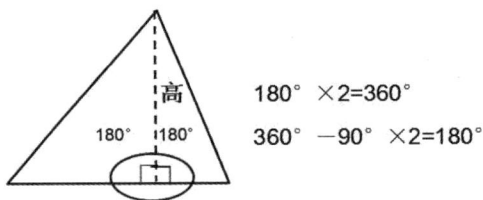

师以同样的方式引导学生推理计算钝角三角形的内角和是180°。

师：这种验证方法和法国数学家帕斯卡验证三角形的内角和的想法是一样的，都运用了推理论证的方法。

[思考：由于测量可能产生误差，于是引出撕拼或折叠的方法；可撕拼的方法操作起来又比较麻烦，还有可能出现拼角不严谨的情况，这些都是学生真实实验操作中出现的问题。而这恰恰给学生埋下推理论证的种子，继而导出"推理计算"的方法，使得实验操作和演绎推理有机结合，让验证过程更加严谨，结论更具说服力。所以，我们在测量、撕拼的过程中，要让学生意识到当下结论归纳的"不充分"，并由此走上寻求"充分"的探究之路，这为推理论证的产生提供了"自然生长的土壤"。]

四、求变：思想技术有机融合

在课堂教学中，我们需要积极开发和有效利用各种课程资源，合理地应用现代信息技术，注重信息技术与课程内容的整合，有效地改变教学方式，提高课堂教学效益。尤其在图形与几何的教学中，信息技术的有机融合，有助于学生深化对几何图形的理解，发现几何关系与规律，体验和感悟数学思想方法，激发数学思维和创新精神。

教学片段：

课件出示一个大三角形，动态演示其缩小、放大，形成大大小小的不同的三角形。

师：你们觉得这些三角形的内角和是多少度？

生（齐）：180°。

师：这些三角形的内角和都是180°，有什么疑问吗？

生：为什么三角形的边、角都在变，内角和却不变？

师：善于思考的孩子，让我们仔细观察直角三角形（几何画板演示左右拉动直角顶点，使其在以斜边为直径的圆上运动），什么在变，什么不变？

生：一个锐角越来越小，越来越接近0°，另一个锐角越来越大，越接近90°，但三角形的内角和不变，是180°。

师：如果我们向下拉动直角顶点，会变成什么样的三角形？（钝角三角形）

师（几何画板演示向下拉动直角顶点，变成钝角三角形，继续拉动）：什么在变，什么不变？

生：上面的角越来越大，越接近180°，其他两个角越接近0°，但三角形的内角和不变，是180°。

师：通过刚才的动画演示，你们有什么发现？

生1：三角形无论位置、大小、形状如何变化，它的内角和都是不变的。

129

生2:任意一个三角形,它的内角和都是180°。

师在"三角形的内角和是180°"前板书"任意"二字,让学生齐读结论:任意三角形的内角和是180°。

[思考:借助几何画板动态演示三角形的位置、大小、形状不断地变化,三个内角的度数也随之改变,但数据的计算结果表明三个内角的和是不变的,进一步加深学生对三角形的内角和为什么是180°的理解。尤其当学生用"任意"这一全称量词去描述"三角形的内角和是180°"时,一切显得那么真实自然,水到渠成。前期的测量计算、撕拼折叠、推理论证的体验和感悟,在这一环节中得到凝聚和升华,使得"三角形的内角和是180°"这一命题的恒真性在学生脑海中产生了深刻的理性认识。几何画板的融入,化枯燥为趣味,化静态为动态,化抽象为直观,渗透分类、变与不变以及极限的思想,进一步激发了学生的思维活动,加深了学生对三角形内角和的本质把握。]

教学要顺应自然,要顺应儿童的本性。教师要关注学生的认知起点,合理有效地选择教学内容和方法,为真正的理解而教;要让学生在真实开放的学习活动中,充分地实践、操作、体验、感悟,在实现"动手"与"动脑"的无缝对接中,不断地积累思维活动经验;要以问题为引领,深度加工所学知识,帮助学生学会更深入、更全面、更合理地思考,从而提升思维的品质。总之,追求真实的学习状态,让学生在自由的探索中生长呼吸,聚焦学生的思维发展,让智慧与思想犹如种子落地生根,这才是核心素养视域下的数学课堂。

追求有根、有感、有品的教学路径

——"体积与容积"的教学片段和思考

主题式教研活动"如何培养学生的空间观念"如期举行。市教研室田志锋教研员的"体积和容积"一课，基于儿童的立场出发，设计有效的学习活动，引导学生触及知识的内核，把握概念的本质，促进了思维的发展，培养了空间观念。下面结合这个课例，从如何设计"有根、有感、有品"的教学路径，如何建构核心概念，培养学生空间观念的角度，呈现自己的一些感受和想法。

一、有根：把握学习起点，直击认知障碍

学情前测表明，五年级学生早就对体积有直觉的认识，而且有相当程度的理解，但在学习体积概念时，仍存在两个障碍：一是用"空间"来描述体积，似乎比体积本身更难理解；二是表面积（或占地面积）和质量，会对体积含义的认识产生困扰。由此不难发现，淡化"空间"概念的解释，排除"面积""质量"的干扰，在教学过程中是不能回避的，相反，需要直面应对，层层剥茧。

教学片段：

师：同学们，我们先做个比大小的游戏。

师（出示两张大小不一的白纸）：大家仔细观察一下，谁大？

生：左边的大。

师（出示两个大小不一的红薯）：这两个谁大呢？

生：左边的大。

师：同样是比大小，这两个实验有区别吗？谁来说说？

生1：有区别，一个是比面积的大小，一个是比体积的大小。

生2：一个是平面图形，比面积；一个是立体图形，比体积。

师：这两位同学回答得都很好，他们都提到了一个词"体积"，那么什么是体积？你所理解的"物体的体积"是什么？

生1：是指它的立体大小，不是它的平面面积。

生2：是指它的内含量。

生3：应该是指它的质量。

师：看来大家对体积有不同的看法，下面我们一起探究。

师：同学们，请想一想生活中哪些物体有体积？（学生举例说明。）

师：今天老师也带来了一些物体，它们有体积吗？谁的体积大？

师（出示封面大小一样的两本书）：你能说出哪本书的体积大吗？

生1：体积一样大，因为他们的封面大小一样。

生2：我有不同意见，不能判断大小，因为它们的厚度不同。

生3：我有补充，比较物体大小，不能看表面，还要看它的厚度。

教师平放这两本书，让学生观察两本书的厚度确实不一样，厚度大的体积就大。

师（出示无法目测出大小的土豆和红薯）：同学们再认真观察这两个物体，谁的体积较大？你有什么办法判断它们的大小？

生1：用称量的方法，谁重谁的体积就大。

生2：我不同意他的看法，重的物体体积不一定大。像铁球和玻璃球，铁球重，但它的体积不一定大。

师：同意第二位同学的说法吗？（同意。）是的，不同的材料，不能用质量的大小比较出体积的大小。

[思考：观察是培养空间观念的前提。先观察和辨析"两张纸比较大小与两个红薯比较大小"实验的不同，再观察并比较封面大小一样而厚度不同的两本书的体积，让学生理解刻画物体的体积要从三个维度（长、宽、高）去

描述，从而实现二维平面到三维立体的有效过渡，有效地突破面积对体积认知的干扰。当学生提出用称量的办法去比较土豆和红薯的大小时，教师启发学生辩论、质疑、例证，达成统一认识：不同材料的物体，质量与体积没有直接关系。教师直击表面积和质量对体积认识的干扰，对空间概念进行淡化处理，都是根植于学生的原有经验和认知需求。创设这样的问题情境，能够走进学生的"最近发展区"，让有意义的学习真正发生。]

二、有感：巧设操作活动，引发数学思考

教师要设计有效的操作学习活动，引导学生在观察比较、合作交流、思辨质疑中，主动探析问题的本质，建构核心概念。有效的操作学习活动应该引发问题探究，注重过程体验，引导积极思考，进行思维创新，也就是要求学生在"说"数学中进行质疑思辨和理性分析，在"做"数学中进行验证归纳和积累思维活动经验。

教学片段：

师：刚才，有的同学想通过称量的方法，比较出土豆和红薯的体积大小，可见有一定的局限性。那么，谁还有不同的想法？

生1：我可以先把它们分别切成最大的长方体，再测量长方体的大小就可以比较了。

师：他是把土豆和红薯转化成规则的长方体去比较，运用转化的思想考虑问题，很好。你们赞成他的说法吗？

生2：不赞成。因为切去的部分，也是原来体积的一部分，这一部分是无法比较大小的，所以也不能准确判定原来体积的大小。

生3：我觉得可以把土豆和红薯泡在装满水的容器里，比较溢出水的多少，溢出的水越多，体积就越大。

生4：我觉得生3少了一个细节，应该是一样的杯子，装一样的水。如果不一样，还是分辨不出来。

话未落音,教室里不由自主地响起掌声。

师:真是个聪明的孩子!如果不装满水,没有溢出水,行不行?

生4:也可以,就要看上升了多少水,上升的水越多,体积就越大。

师:说得非常好,那就请你们给大家演示一下好吗?

此时,教师让这两位学生台前演示,其他学生认真观察。

师:谁来说说水为什么会上升?哪个水杯里的水上升得多,说明什么?

生1:因为土豆和红薯把原来水的空间给占了,所以水面会上升。

生2:放红薯的水杯里的水上升得多,说明它占的空间大,所以红薯的体积大。

师:通过刚才的实验,我们发现物体的体积和它所占的空间有关。其实所占空间的大小,就是物体的体积。(师板书:物体所占空间的大小,叫作物体的体积。)

师(出示大小明显不一的一个双层玻璃杯和一个塑料杯):这是两个杯子,它和我们前面列举的书本、红薯和土豆有什么不同?

生:它们都是空心的,都能装东西。

师:像这样能容纳物体的东西,我们称为容器。

师:这两个杯子是不是容器?(是。)你们认为谁盛的水多?

生1:玻璃杯盛的水多,因为它的体积大。

生2:我认为是塑料杯,因为玻璃杯是双层的,壁应该厚一点。

生3:我觉得在这种情况下,应该装些水实验一下。

师:好主意,在大家都有争议的情况下,我们应该学会找方法——做实验来验证。

教师让一名学生演示,先将塑料杯装满一杯水,再往玻璃杯中慢倒,结果发现,装满玻璃杯后,塑料杯中还剩一些水。

师:仔细观察,你有什么发现?

生1:玻璃杯已经装满了水,塑料杯还剩一些水。

生2:玻璃杯盛的水少,塑料杯盛的水多。

师:已经装满水是什么意思?

生:已经满了,不能够再盛水了,否则就溢出来。

师：也就是说，玻璃杯只能容纳这么多的水，再多就不行了。

师：所以，容器所能容纳物体的体积，我们称之为容积。（师板书：容器所能容纳物体的体积，叫作容积。）

师：现在，可以断定塑料杯和玻璃杯谁的容积大一些了吗？

生：能，塑料杯的容积大，它所能容纳的水多。

[思考：操作是培养空间观念的基础。实验学材的用心选择，操作活动的精心设计，能够引发学生主动探究的欲望，激发学生思维火花的碰撞。学生在层层设疑中，在激辩问难中，自主寻求问题解决的办法——实验法，并在动手操作中，在深度对话中，逐渐形成正确的"空间"概念，从而加深对体积和容积这些核心概念的本质把握。本环节的设计可谓匠心独具，学生通过操作进行思考或通过思考进行操作，身临其境，现场感受，进而逐渐积累起活动的经验和思维的经验，实现了由"动手操作"向"积极思考"的转变，让学生在实效的学习活动中有所感、有所悟、有所得。]

三、有品：感悟思想方法，发展高阶思维

文章有品自成高格，教学有品自成境界。有品的数学教学应该是有内涵的教学，应该关注于数学学科独有的思想与方法，发展学生的高阶思维，培养学生的理性分析精神。体积和容积这两个概念比较抽象，有很多相似之处，容易混淆，教师应让学生在充分感知、多样体验的基础上，归纳概括出两者的区别和联系，在深刻剖析中，感悟思想，形成智慧。

教学片段：

师（出示一个长方体的纸箱）：它有体积吗？体积如何测量？

生：有体积，测量纸箱外面的大小。

师：是的，它有体积，但要从外面测量。它有容积吗？容积又如何测量？

生：有容积，测量纸箱里面的大小。

师：如果让这个纸箱体积不变，容积变小，你该怎么办？

生：里面塞些东西，让它的空间变小，它所装的东西就会变少，容积就变小。

师：同样是这个纸箱，如果让它容积不变，体积变大，你该怎么办？

生：只要在外面再紧紧套一层纸箱就可以了。

师：你的意思是说，把纸箱的外壁给它加厚就行了，对吗？（生表示同意。）

师：看来，一个物体的体积和容积是有联系的。同学们能说说它们之间的联系吗？

生1：一个物体一定有体积，但不一定有容积。

生2：如果物体有容积，那么它的体积是大于它的容积的，因为容积是指物体内部的空间。

生3：物体的内壁加厚，体积不变，容积变小；外壁加厚，容积不变，体积变大。

师：看来，大家对体积和容积有了一定的了解。下面我们来解决一些问题。

课件出示练习：

1.数一数，想一想，下图（左）中的长方体盒子能装多少个这样的小正方体？

2.如图（右），谁搭的长方体体积大？

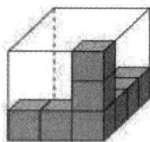

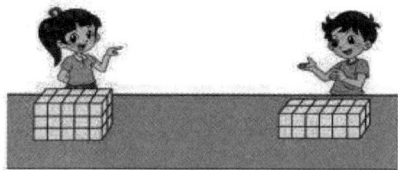

学生独做，汇报不同的计算方法———计数法，层加法，连乘法。

针对练习1，师生之间展开对话。

师：以上三种方法，你们认为哪个更简洁，有什么道理？

生：我觉得用3×4×3最简单，因为3×4表示下面一层的个数，一共3层，所以再乘3，就是装的总个数。

师：36个小正方体的体积，是长方体盒子的体积还是容积？

生：是盒子的容积。

师：要想使它表示长方体盒子的体积，你觉得该怎么办？

生：要让盒子厚度变薄，薄到可以忽略，盒子的容积就可以表示它的体积了。

师：是的，当盒子的壁厚无限接近于0时，它的容积就会无限接近于体积。

[思考：想象是培养空间观念的关键。通过两次在"头脑"中对纸箱进行想象"改造"，在变与不变中，融通体积和容积的联系，辩证理解体积和容积的大小关系，且针对同一物体而言，说明体积是从物体外部测量，容积要从其内部测量。如果说用"观察法"和"排水法"比较体积，重在"目测和测量"，是物理方法，那么，数学方法应该是去计算物体的体积——计算物体所能细分单位体积的个数，真正使学生触及体积的本质——单位体积累加的结果。该课例设计了"计算长方体盒子容积"和"谁搭的长方体体积大"两个练习，一则让学生在想象中，让容积破"壁"而出——当盒子厚度渐变为零时，盒子的容积等于体积，极限思想应运而生；二则让学生在推理计算中，掌握计算方法的多样化和优化策略，为后继长方体体积公式的学习做铺垫。这一环节的设计，既实现估测到精准计算的"量化"跨越，又体现方法和思想的深度融合。]

本课从"基于学情前测读懂学生、基于问题解决设计操作活动、基于数学本质提炼思想方法"这三个角度，设计"有根、有感、有品"的教学路径，引导学生在直观感知、操作思辨、推理计算中，把握"体积"和"容积"这两个核心概念的本质及区别与联系，有效达成学习目标。在问题引领和任务驱动下，学生经历了抽象概念可视化的体验，丰富了学习的画面感；同时又在反思批判中，习得问题解决的方法，感悟蕴含的数学思想，最终发展了空间观念和提升了思维品质。

激活，说理，联结

——"长方体的体积"的教学片段和赏析

儿童数学学习的过程，应该是一个关注认知起点、触摸知识本质、积累思维经验的过程。那么，如何尊重学生认知现实，激活已有经验，走进知识内核？如何在思辩说理中，触及知识本质，引发深度思考？又如何由点入面，寻求内在联系，促进整体建构？走进罗明亮老师的"说理课堂"，其精彩演绎的"长方体的体积"一课，给我们提供一个全新的学习视角。

一、入理切情，激活原有经验

教学片段：

直接揭示课题：这节课，我们要一起研究长方体的体积。

师：谁来说说长方体的体积是怎么计算的？

生：长方体的体积=长×宽×高。

师：还有谁知道"长方体的体积=长×宽×高"？请大胆举起手来。

学生纷纷举起手来。

师：既然大家都知道"长方体的体积=长×宽×高"，那我们这节课就结束了，可以吗？

生1：我们想让老师拓展一下练习，做一做题。

课件出示：已知一个长是5分米、宽是4分米、高是3分米的长方体，计算一下它的体积。

学生表示都会，并且生1说出了计算过程：5×4×3=60（立方分米）。

师：想法和她一样的请举手。

学生再次纷纷举手赞同生1的做法。

师：练习做完了，成功了，大家不仅知道长方体的体积，而且会计算体积，那我们可以下课啦！

生2：老师，我还想知道正方体的体积怎么计算。

生3：正方体的体积=棱长×棱长×棱长。

师：同意她的说法的请举手，举高一点！

学生又一次把手纷纷举起。

师：长方体的体积知道了，正方体的体积也知道了，这回可以下课了吧？

生：我还有一个疑问：为什么长方体的体积=长×宽×高？

该生话音未落，班级不由自主地响起钦佩的掌声。

师追问几个学生，均摇头表示不理解为什么长方体的体积=长×宽×高。

师：那么这节课我们是继续进行拓展练习呢，还是研究长方体的体积为什么等于长×宽×高？（生表示后者。）

师：感谢这位同学给我们提出了一个好问题，我建议大家把掌声再次送给他！

师：接下来，我们就来研究长方体的体积为什么等于长×宽×高。

[赏析：要让儿童的学习真正发生，最关键之处就是要充分暴露学生的"已知"，准确地找准学情基点和知识的生成点，激活已有的知识经验，营造出真实、自然的学习状态。学生的三次举手，罗老师的三次"驱赶"，就是让学生的学情和经验真实呈现，引发学生的探究欲望。多数学生已经知道长方体或正方体的体积公式并能计算，但却少有人知道为什么长方体的体积=长×宽×高。"知其然，而不知其所以然"，这才是学习的真实状态和所要探究的目的。于是，老师在追问中不断地激发学生由"要我学"转向"我要学"的自主学习意识，同时引导学生由关注"知识技能"转向关注"知识的形成过程"，让探究与说理基于知识经验自然生长。]

二、穷理尽微，探析数学本质

教学片段：

罗老师让学生拿出学习单，在长方体图上标出长是5分米、宽是4分米、高是3分米，再让学生思考交流讨论：为什么它的体积等于5×4×3？

生：长方体有12条棱，可分为长、宽、高，我认为它的体积就是长×宽×高。

师：你们同意她的说法吗？

生1：不同意，这只是她猜想的，并没有解释长方体的体积为什么是5×4×3。

生2：我觉得长×宽就是上下面的面积，长×高就是左右面的面积，宽×高就是前后面的面积，合起来5×4×3就是长方体所占空间的体积。

生3：我怎么感觉他说的是长方体的表面积。

师：你的感觉是对的，那位同学说的就是表面积，那你自己的想法呢？

生3：我认为长×宽=20，就是占地的面积；再乘高3，就是体积。

生4：我这里有个疑问，长×宽=20是长方体的一个底面的面积，那么再乘高3后，为什么就是长方体的体积呢？积60又表示什么意思？

生5：对于刚才的问题，我一直在想：我们可不可以把60立方分米给它平均分成60个1立方分米的小正方体？5×4=20，就是说那里有20个小正方体；再乘3，就得到60个小正方体，所以长方体的体积是60立方分米。

师：你们听懂这位同学的话了吗？（有的同学表示听懂了。）

师：这里有60个1立方分米的小正方体。这个1立方分米的小正方体是什么？你们有没有想过？

生：是体积单位，我们刚刚学过！

课件出示一个体积单位和一个立体图形。

体积单位

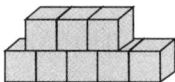

1立方分米

师：我也带来了这个体积单位，请问它有什么作用？谁来说说这个立体图形的体积是多少？

生：通过数这样的小正方体，我可以知道立体图形的体积是8立方分米。

师：现在谁来告诉我体积单位有什么作用？

生：我们可以用它来数一数刚才的图形有几个1立方分米，它的体积就是多少。

师板书：单位体积　数一数几个　体积

师：现在，我们要知道这个长方体的体积，该怎么办呢？

生：长有5分米，可以摆5个小正方体；宽有4分米，可以摆4个小正方体；这样就可以摆20个小正方体。而高是3分米，可以摆3层，每层是20个小正方体，一共就有60个小正方体，所以长方体的体积是60立方分米。

随之课件演示拼摆过程，让学生观察、解释算式的意义：5×4表示先求一层有几个，再乘层数3（高），得到小正方体的总个数，就是这个长方体的体积。

[赏析："为什么长方体的体积=长×宽×高"，这个看似简单却有丰富内涵的问题，是整节课"长方体的体积"教学的核心。带着这个问题，提供充分讨论的时间和空间，让学生从棱长、面积、分割成单位正方体等不同的角度，由表及里，尝试解释说明。在追根溯源中，寻求体积的本位概念，使其意识到测量体积的本质就是"单位体积的积累"。如此学习过程，完全摒弃传统的教学方式，以直接问题"为什么长方形的体积是长×宽×高"为引领，挖掘长方体体积公式规定的数学内涵，让探究学习不断地逼近、抵达知识的核心——长方体的体积就是用单位体积测量的结果，其公式则体现出由长、宽、高计算单位体积数的过程和方法。本课例通过辨析说理，深化学生对体积公式的理解和对测量本质的感悟；同时,在基于知识本源的数学思考中，提升学生的思维深度。]

三、一理贯之，融通知识联系

教学片段：

师：刚才那位同学说到了体积单位的重要性，可以用它测量长方体或正方体的体积。那么以前我们测量过物体的什么？

生1：物体的面积。

生2：物体的长度。

师：对，请同学们回忆一下，我们测量物体的长度时，用的是什么单位？（长度单位。）面积呢？（面积单位。）

师出示1分米的长度单位和3分米的线段。

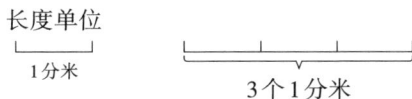

长度单位

|____| 1分米

|____|____|____| 3个1分米

师：请问这条线段是几分米？（3分米。）为什么？（它有3个1分米。）

师以同样的方式出示面积单位，让学生计算长方形的面积。

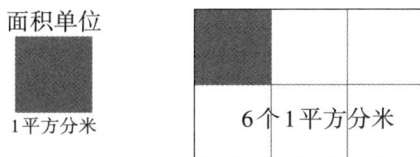

面积单位

1平方分米

6个1平方分米

师继续出示体积单位与体积的关系。

体积单位 ——数一数有几个体积单位——> 体积

师：仔细观察这些内容，你有什么发现？有人说：长度、面积和体积的测量道理是一样的，为什么？

生1：像第二个图，有6个1平方分米，长方形的面积就是6平方分米。

生2：它们都需要去数有几个这样的单位，它们就是多少。

师：说得非常好，所以又有人说：测量，就是数一数、量一量有多少个这样的测量单位。

师：这句话说的有没有道理？想不想知道是谁说的？

师课件出示：测量，就是数一数、量一量有多少个这样的测量单位。——罗明亮。

[赏析：数学是一门系统性、逻辑性很强的学科，知识之间有着密切的内在联系，所以数学学习既要纵向沟通，也要横向透视，寻求数学知识的本质联系。罗老师以"体积单位"为纽带，引导学生串联起学过的长度单位、面积单位，让学生在"图形测量"的大框架下，剖析图形测量的本质，就是物体含有多少个基本单位个体的某种属性。这一环节的教学，不仅使学生感受到测量单位间的联系和规律，又能从测量的本源引导学生理解问题，使学生领悟到数学知识的意蕴。这样一来，知识的学习达到了结构化、系统化，思维也就变得更全面更深刻。本节课的教学，没有囿于此岸"知识技能"的抵达，而是将学习驶向更远、更深的"思维"彼岸。]

始于经验，行于说理，止于一统。罗老师这节课，从小处入手，依托学生真实的生活经验，借助单位小正方体，揭示长方体体积的本质内涵；从大处收笔，从图形测量这一结构化的角度认识长方体的体积；还将体积单位、长度单位和面积单位三者，融通联系，成为系统。可以说是，探微处，揭示问题本质，入木三分；揽全局，融通知识联系，洞若观火。罗老师的课，总能在说理思辨中进行思维碰撞、智慧启迪，又能在问题引领中将数学学习向思维的深处漫溯。

教学，需要追求一种平衡的勇气

——以"平均数"的教学探索为例

世界处处充满着二元的对立和统一，并在对立统一中和谐运行、生生不息。数学课堂教学也概莫能外，其过程充满着二元的对立：数学现实与生活经验、外在形式和本质意义、教师传授和学生建构、结果识记和过程理解、技术运用和思想感悟……这些对立的要素协同作用，构成有机的教学系统。我们要摒弃非此即彼的二元对立思维，拥有一种追求教学平衡的勇气，在既此又彼的辩证统一思维中，将所有对立面视为一个教学统一体。下面就以人教版四年级下册数学教材中"平均数"一课为例，从数学与经验、形式与本质、思想与技术、理性与人文等多个视角，探析数学学习如何实现对立要素之间的动态平衡，去追求真实有效、丰盈灵动的课堂教学。

一、生活经验与数学现实紧密联系

《义务教育数学课程标准（2022年版）》指出：教学活动应"注重创设真实情境。真实情境创设可从社会生活、科学和学生已有数学经验等方面入手，围绕教学任务，选择贴近学生生活经验、符合学生年龄特点和认知加工特点的素材"。只有这样，才能利于学生发现问题和提出问题，引发认知冲突和积极思考，并鼓励质疑问难。教材应关心学生身边发生的事，提供丰富的问题情境、充分的思考空间，帮助学生进入真实的数学问题情境，解决真实的数学问题，而不是引领学生步入虚拟的数学国度，"煞有其事"地解决与生活经验相脱节的"伪现实"问题，并将经验与常识拒之门外。

教学片段：感知平均数产生的意义

师（指着课题"平均数"）：生活中，见过或听说过平均数吗？谁来说说！

生：平均身高，平均体重，平均分……

师：平均分？在哪个地方见过平均分？

生：计算班级成绩。

师：班级成绩和平均分有什么关系？

生：平均分越高，班级成绩越好，平均分越低，班级成绩越差。

师：你的意思是：平均分代表班级的整体水平，对吗？

生：对。

师：平均分是怎么来的？你们知道吗？

生：把我们班所有同学的分数加起来，再除以全班人数就是平均分。

师：把所有同学的分数加起来，得到的是什么数？

生：班级总分。

师：总分不能表示班级成绩吗？

生：能。

师：那为什么还要算平均分？直接比较总分不就行了吗？总分越高，班级成绩就越好。

生：不对！班级人数不一样时，比总分不公平！人数多的，总分多，平均分不一定多，所以不公平。

师出示数据：数学是讲道理的，我们要用数据来说话！

师：这是两个班期末考试的成绩。观察这些数据，你有什么想法？

四年级X班数学检测成绩	
总　分	4224
平均分	88

四年级Y班数学检测成绩	
总　分	4449
平均分	87.2

生：X班总分少，但平均分高；Y班总分多，但平均分低，原因可能是Y班人数较多。

师：准确的判断是X班48人，Y班51人。人数不一样，总分不相等。那人数一样的时候，比总分行不行？

生：行！

师：你的意思是说，当两组数据的个数不相等时，用平均数比较更公平！

[思考：本环节通过寻找生活中的平均数，顺势引出"平均分"，这一真实贴切的数学现实情境，并引发学生思考：人数相等时，可以比较总分；人数不相等时，比较总分不公平，从而使学生主动寻求新的认知平衡——平均数。本环节整合人教版四年级下册数学教材例1"收集矿泉水瓶"和例2"比较踢毽子成绩"两个生活情境为一个现实情境——比较班级平均分，实现学习材料的结构化，用简单的材料上出富有思考价值的课。这样的教学设计遵循了学生的学习序感，先了解平均数的意义和价值，再掌握平均数的计算方法，最后理解平均数的特征。]

真正的教育来源于经验。每一种经验都应该是生动的、鲜活的、有趣的。数学现实就是基于我们的生活现实和认知经验而创设的数学问题情境。因此，我们呈现的数学现实问题，要直面对接学生的生活经验，避免人为创设的"拟情境化"和"伪现实"问题，使学生学习有切身的代入感和现场感，唤醒学生的探究欲望，让学生在数学现实和生活经验的联系中，体悟数学学习的价值，学会用数学的眼光观察现实世界。

二、形式计算与本质意义和谐统一

在以往"平均数"的教学中，不少教师更多关注的是对平均数算法的掌握，把用"总数÷份数=平均数"作为教学重点。而新课程标准特别强调从统计学的角度来理解平均数，即理解平均数的意义：为什么学习平均数？平均数是什么？怎样求平均数？鉴于以上考虑并结合四年级学生的认知水平，我们转变了教学重点，并从学生身边的真实情境出发——如何比较班级整体水平，将平均数的意义、计算和特征进行有机串联，深化对平均数意义的理解，实现形式计算与本质意义的和谐统一。

教学片段一：经历平均数的计算过程

师：看到88和87.2这两个平均分，你知道是怎么算出来的吗？谁来说说？

生：先把每位同学的分数加起来，再除以48，就行了。

师：你的计算方法是：把所有人的分数先合起来，然后再分，也就说"先合后分"。总分÷人数，就是平均分。回答得很好。

师借助Excel计算出这些分数的和：100+100+…+55.5=4224。

师：接下来，该怎么办？

生：用4224÷48，求出平均分。

师：请同学们拿出纸和笔，认真地计算一下，平均分是多少？

学生计算汇报结果：4224÷48=88。

教学片段二：探讨理解平均数的特征

师：看到这个平均数88，你有什么想说的？

同桌之间互相讨论交流，发表自己的看法。

师：平均分88分，是谁的成绩？

生：是班级的平均成绩。

师：是不是每个人都是88分。你怎么理解？

生：不是的，它代表班级的整体成绩。（师板书：整体水平）

生：有的可能是88分，有的比88分高，有的比88分低。

师：平均分要比最高分低，比最低分高，介于两者之间，我们说它具有趋中性。（师板书：趋中性）

师：同学们，请观察数据，这里也有个88分，和平均分88分一样吗？

生：不一样。这个88是个人成绩，而平均分88代表班级的整体水平。

88
86
85
85
84
80
80
80
79
77
77
75.5
72
69
66
55.5
4224
88

课件显示：四年级 Y 班的分数统计表（略），出现平均分为 87.2。

师：看到平均分 87.2 分，你又想说些什么？

生 1：87.2 分代表 Y 班的整体水平，没有 X 班成绩好。

生 2：87.2 分比最高分低，比最低分高。

师：分数统计表里有学生考 87.2 分吗？为什么？

生：没有，因为试题分值是 5 的倍数，试卷的分数加起来，要么是整数，要么是几十几点五，不可能是 87.2。

师：真是善于分析的孩子。显然平均分可能和一组数据里的数相等，也可能不相等。这说明平均数是一个虚拟的数。（师板书：虚拟性）

接下来，教师引导学生观察任一分数的改变，都会引起平均分的变化，从而感知平均数的敏感性。

[思考：本环节根据认知经验，学生经历平均数的计算过程，探索出"先合后分"求平均数的方法。教师精心设计"平均分"这一结构化的材料，巧妙地将平均数的趋中性、虚拟性、敏感性等特征逐一呈现，让学生在质疑思辨中对平均数的认识更加全面、立体、丰富。教师还借助 Excel 计算数据总分，让学生再次经历平均分的计算过程，从而达到熟练掌握计算平均数的目的，同时也为探究和理解平均数的意义和特征提供充裕的时间和空间。]

如果数学学习只是要求学生识记公式，然后在习题中反复套用，那么探究的意义和再创造的兴奋之会被消磨殆尽。因此，教师在统计教学中要避免让学生单纯地利用公式进行计算，把统计知识的学习变成"数与代数"的计算，否则有悖于对"数据分析"这一核心素养的关照和落实。在未来的教学实践中，应该追求"形式计算"与"意义理解"的平衡，做到"理法相融"，避免学生只掌握现成的结论。

三、技术运用与思想感悟有机融合

我们经常听到人们提出这样的问题：教师如何在课堂上使用技术？然而，更确切的表述应该是：教师如何在课堂上用技术促进教学目标的实现？如果教师在课堂上展示教育技术，就是喧宾夺主，丢掉重点，那么教师应该展示的是技术对学习的赋能。教育技术作为有用的工具，能够处理更多的逻辑算法和更大的数据，为教学释放空间和时间；能够将抽象的数学知识直观化，让学生更关注对概念意义的理解、过程的探究、知识的建构和思想的感悟。因此，好的教学不能降低到技术层面，应该追求技术运用与思想感悟的深度融合。

教学片段一：借助 Excel 软件掌握平均数的计算方法。

师：其实，老师现在计算平均分，经常用到一个电脑软件——Excel。

师课件出示 Excel 表格：这是四年级 X 班的数学成绩（略），你能看懂这个表格吗？

师让学生讨论交流如何计算平均分，引导学生掌握平均数的计算方法。

师：这里，我们不用一个个地加，可以借助 Excel 直接计算出这些分数的和：100+100+⋯+55.5。

师演示过程：选中所有分数，求和（100+100+⋯+55.5=4224）。

接下来学生独立计算平均分并汇报结果：4224÷48=88。

师：电脑和你们的想法一样，也是用 4224÷48，计算的结果和你们一样吗？

师继续演示 Excel：点击"平均值"，弹出"88"。

教学片段二：借助 Excel 软件体验平均数的敏感性

师：看到 87.2 分，你觉得同学们的成绩还有上升的空间吗？怎样提高平均分？

生：每个学生再努力些，多考几分，平均分就上去了。

生：把最低分去掉，平均成绩也能提高上去！

师：是这样的吗？任意一个分数增加，平均分就会上升？

师借助Excel演示变化过程，学生发现：任意一个分数增加，都会提高平均分。

师：把最低分去掉，平均分也会增加吗？

师再次借助Excel演示，把最低分去掉，平均分也会增加。

[思考：本环节大胆尝试引入新信息技术Excel软件，让学生初步了解Excel的功能和使用方法，化解计算平均数的困难，提高学习兴趣和课堂效率，实现信息技术与数学学科、新技术与数学思想方法的深度融合。同时，借助Excel表格实现数学学习的结构化，通过对Excel表格中两个班级数据的对比分析，学生了解平均数的产生和来源、结构和关联，并在动态演示平均数的敏感性，实现概念教学的形象化、可视化的过程中，强化对平均数概念本质的理解。]

《义务教育数学课程标准（2022年版）》指出：要"合理利用现代信息技术，提供丰富的学习资源，设计生动的教学活动，促进数学教学方式方法的变革"，提高学生的探究热情和信息素养。但我们仍要有冷静和清晰的认识：如果学生在解决数学问题过程中没有养成追求概念的意义和感悟思想的习惯，虽然计算机帮助我们获取了正确答案，但我们仍只是停留在对概念的表层理解层面，信息技术就会遮蔽我们的计算能力。因此，如何扬长避短，权衡利弊得失，保持技术与思想之间的平衡，仍是当下一段时间面临的抉择。

四、理性分析与人文关怀交相辉映

在教学中，教师往往更多地专注于研究如何把书本内容更有计划、更高效地灌输给孩子。因此，我们常看到"作为学习工具的人"和"机械冰冷的数据和规则",两者之间难以产生情感上的共鸣。其实作为数学教师,我们不仅要教数学,还要教书育人,就是要还数学教育以本来面目,让数学探究建立在学生内心深处的渴求之上——对真理的坚持,对美好的追求,对意义的解读,对正义的维护,等等。在数学探究中,要彰显数学教育中的人文关怀,使科学理性和感性体验交相辉映,让数学课堂更具魅力。

教学片段一:变化数据,理性分析

师:看到87.2分,你觉得同学们的成绩还有上升的空间吗?怎样提高平均分?

生:每个学生再努力些,多考几分,平均分就上去了。

生:把最低分去掉,平均成绩也能提高上去!

师:同学们想一想,把最低分去掉,意味着什么?

生:不让他考试。

师:这样公平吗?你有什么好的建议?

生:鼓励他努力些,多考几分,或者帮助他,让他提高成绩,这样我们的平均分就提高了。

师:真是一个善良优秀的孩子!每个人都努力些,平均分就会提高,就能提高班级的整体水平!

教学片段二:对比数据,作出决策

课件出示:全国10岁男女儿童平均身高、平均体重标准。

10岁女童标准表		10岁男童标准表	
平均身高/cm	平均体重/kg	平均身高/cm	平均体重/kg
140.1	31.8	140.2	33.7

师:这里的平均数是怎么得来的?

生:是全国所有10岁男童的身高加起来再除以他们的总人数。

师:可是全国10岁的男童那么多,真的要把他们一个一个加起来计算吗?

生:不用。那样太麻烦了,我觉得选一些地区作代表就行了。

师:是的。在我们统计学中,这种方法叫作抽样,选择一部分拿来作参考,然后得出这样的数据。

师:同学们了解自己的身高和体重吗?请与全国儿童平均身高、体重进行对比,你发现了什么?看到下面这2位四年级学生的身高和体重表,你想对他们说些什么?

姓名	性别	身高/cm	体重/kg
曹晨晨	男	134	42.5
赵雨涵	女	148.5	28.5

生1:我觉得曹晨晨同学是个有些矮胖的男孩,我想对他说,应该多锻炼,合理饮食。

生2:赵雨涵同学应该是个高瘦的女孩,我想对她说,应该注意营养合理搭配,平时多运动多吃饭。

师:平均数的作用可真大!它可以帮助我们对一些事情作出预判。

[思考:此处片段一,教师呈现四年级Y班的平均数87.2分,抛出"如何提高该班的数学学习成绩"这一饶有兴趣的真实话题,引导学生理解平均数的特征——敏感性,让学生学会用数据说话,进行理性推断和作出决策,学会公平公正,学会帮助他人。此处片段二,教师呈现"全国10岁男女儿童平均身高、平均体重标准"数据统计表,其意图是渗透抽样思想,完善认知结构,让学生体会平均数的广泛应用,然后通过部分数据的平均数来推测总体数据的情况;同时,让学生学会关爱自己,关爱他人,树立良好的健康饮食观念。]

在教学中,我们要基于数学核心素养的培育,让冰冷的数据折射出火热的思考,让学生悟出数学学习之道,在理性分析中展现数学的人文情怀。数学教学中理性分析与人文关怀的关系,犹如一把双刃剑,偏注重某一方面的课堂都是单调、低效、乏味的,只有将两者融为一体,相得益彰,数学课堂才能熠熠生辉,散发出人文关怀的光彩。

教学中的诸多构成要素是二元对立的，但这些二元对立的现象是教学中的常态，有时让教师难以对付，有时让教师心力交瘁。当在对立的两极之间左右为难时，教师需要站在多视角的高度理解和把握对立的张力，努力走出二元对立的困局，追求一种动态的教学平衡。因此，教师要追求既此又彼的结合而不是非此即彼的分离，要有拥有叩其两端的能力，行走在中间地带，追求恰到好处的能打动学生的优质教学。

都是张数"惹的祸"

——换个角度谈"烙饼问题"

一、问题提出

"五段式"教研活动走进了濉溪路小学，董老师带来一节《烙饼问题》，引起与会老师的激烈讨论。

问题情境：小红的妈妈在厨房里烙饼，这口平底锅每次只能烙2张饼，两面都要烙，每面烙3分钟，小红和爸爸、妈妈各吃一张饼，怎样才能让他们尽快吃上饼？

焦点之一：在探究烙3张饼所需时间时，绝大部分学生认为所需时间是12分钟，给出理由也"相当充分"——每张锅只能烙2张饼（需6分钟），剩下1张再烙（需6分钟），一共是12分钟。有些老师认为，根据学生的生活经验和认知特点，应该没有学生知道烙3张饼最短时间是9分钟。如果出现这种情况，执教老师该如何应对？

焦点之二：学生在老师的"帮扶"下，通过实验、分析、推理、归纳等一系列的数学活动，总结出烙饼问题的数学模型（也可以说是公式）：饼的张数×3＝所需的时间。试问一下：学生真正理解这个模型的含义了吗？能不能准确地表述出烙饼的过程（尤其是3张饼的情况）？

焦点之三：如果一张锅一次只能烙3张、4张、5张……，又该如何去烙？有没有规律可循，模型如何建立？董老师在试教时，也做了大量的有益的尝试，效果不是很明显。与会的老师们鲜见有讨论类似情况的课例，也不禁会产生疑问：是不是讨论一张锅一次只能烙 3 张、4 张、5 张……的情况没有任何数学价值？其背后的真正原因又是什么？

针对上述问题，可谓是仁者见仁，智者见智。在这里，笔者也苦思良久，总感觉是饼的张数"惹的祸"，如果我们从"饼的面数"入手，教学效果可能会峰回路转，柳暗花明。

二、解决对策

讨论"烙饼问题"不妨考虑从"面数"入手，这比"张数"更深入本质。与其说烙的是张数，不如说烙的是面数，学生也能够理解和接受。教师在出示问题并让学生读取数字信息的时候，不仅指出每次烙 2 张饼，更要进一步地强调每次烙的是 2 个面，而且只能烙 2 个面，让学生在头脑中留下烙"面数"的印象，为解决烙 3 张饼问题埋下伏笔。接着，教师顺势引导学生理解烙 3 张饼其实就是烙 6 个不同的面，而且每次只能烙 2 个面，从而很容易得出：烙 3 张饼的时间是 6÷2×3=9（分钟）。

当学生真正理解"烙饼的本质就是烙的面数，而且每次只烙 2 个不同的面"的时候，便水到渠成地掌握烙 3 张饼的过程，并能清楚地表述出来。比如，学生会把 3 张饼的 6 个面进行标识（像 A1，A2；B1，B2；C1，C2 之类），并在保证不能取同一张饼两个面的情况下，两两组合即把 3 张饼烙熟，这也是烙 3 张饼的最佳方法。当烙的饼数为 4 张、6 张、8 张……时，教师还应该引导学生从面数考虑，先计算出总面数，再除以 2（每次可烙的面数），再乘 3（每次烙的时间），便求出所需的最短时间。数学模型也随即建立起来，即"总面数÷2×3=所需的时间"，又因为"总面数=饼的张数×2"，所以就有"饼的张数×3=所需的时间"。总之，学生理解这个模型的真正含义后，就能很快计算出烙饼所需的时间（总面数÷2×3），再动手操作验证或语言表述，过程都会显得轻松流畅。

学生一旦把握住烙饼的本质——就是烙饼的面数，无论如何改变烙饼的形式——每张锅最多可烙3张饼、4张饼、5张饼等，学生都能发现规律，推导并归纳出相应的数学模型，即"总面数÷每次可烙的面数×每次烙的时间=所需的时间"。

用字母表示：$M \div m \times t = T$。其中，M为总面数，m为每次可烙的面数，t为每次烙的时间，T为所需的时间。

当$m = 2$时，就是每张锅烙2张饼的情况，无论饼的张数是单数还是双数，总面数M是双数。$M \div 2$等于整数，也就是说锅总能被充分利用，也就存在最优化策略。当$m = 3$，4，5…时，$M \div m$的结果是有余数的，锅就不能保证被充分利用，就不存在节省时间、节约成本的最优化策略，这也许就是老师不去讨论一张锅一次只能烙3张饼、4张饼、5张饼……的原因吧。

三、一点感想

把握数学的本质，通晓它的变化形式，数学课堂才会充满智慧和灵动。

还是从烙饼问题谈起。无论每张锅一次可烙2张、3张、4张……还是用一张锅去烙不同数量的饼，变化的是每张锅可烙饼的张数或同一锅中饼的不同面，不变的是每次可烙的面数和要烙不同的面。变的是形式，不变的是本质。

从最优化的角度来看，"烙饼问题"和"打电话问题"在本质上是一致的。一个是保证锅不能空着，一个是保证人不能闲着，都是最大限度地利用时间，利用成本，这就是解决问题的关键所在。

从余数理论的角度来看，"烙饼问题"与"找次品""抢数"在原理上也是相通的，都是按余数分类讨论。

"烙饼问题"在解决一张锅一次只能烙2张饼时，用饼数除以2，余数是1或0。余数是0时，饼数为双数，2张2张地烙，所需时间最短；余数是1时，饼数为单数，2张2张地烙，剩下3张按最佳方法烙，所需时间最短。

"找次品"先把物品尽量3等分，使得最多的一份和最少的一份相差1。任何数除以3，余数是2或1或0。物品数除以3，余0时，平均分成3份；余1

时，最多的一份和最少的一份相差1；余2时，把2均分到其中的2份，使得最多的一份和最少的一份也相差1。

"抢数"不妨以抢3为例，规则：两人从1开始轮流往后报数，每次至少报1个数，最多报2个数，谁先抢到指定数谁赢。这里运用余数理论，掌握获胜策略。数据的个数除以3，余数是2或1或0。余数为0时，后报者必胜；余数为1或2时，先报完余数者，获胜。

正如一位特级教师所说：数学是一个动态的、充满生机的生命体，尽管它的形式是变化多样的，但富于变化的形中却蕴含了相通的质。

在立足教材、关注课堂的时候，我们要善于抓住数学知识和方法的本质联系，将数学知识系统化，以达到对数学的统一认识，使知识融会贯通。只有这样，在教学的道路上我们才不会迷失方向，才能渐行渐远。

亲历问题解决过程，深刻感悟数学思想

——以"植树问题"的教学探索为例

数学思想的形成需要在探索过程中实现。只有经历问题解决的过程，才能体会到数学思想的作用，才能理解数学思想的精髓，才能进行知识的有效迁移。在教学实践中，教师要让学生经历和体验问题解决的全过程，让学生读——理解意图，疑——提出问题，做——解决问题，说——表达交流，并在其中获得对数学思想方法的感悟。那么，在问题解决的过程中，如何做到既关注数学基础知识、基本技能，又关注数学经验的积累和蕴含的数学思想方法呢？下面就以人教版四年级下册"数学广角"中"植树问题"的教学为例，呈现自己的一些做法。

一、化繁为简，让学生体会转化思想

教师出示教材情境图："同学们在全长 100 米的小路一边植树，每隔 5 米栽一棵树（两端都栽）。一共需要多少棵树苗？"由于题目中提供的数据比较大，学生难以想象出棵数与间隔数对应的情况，另外，问题中还出现"间距""间隔数""总长""棵数"等关于解决植树问题的概念词。因此，为了消化这些知识点，新课引入前需要营造轻松的谈话情境，帮助学生理解这些概念。于是，教师引导学生从改变数据入手，化难为易。这样的活动设计，有利于拓宽学生思路，重拾解题信心；有利于复杂的问题简单化，将化繁为简的转化思想根植于心中。当学生心神领会后，就能顺利地探索出解决此类问题的一般方法，从而轻易地迁移到解决数据较大的植树问题。

具体做法：以 10 以内的数据为例，让学生借助线段图分析或摆学具操作，寻找间隔数与棵数之间的关系和规律。

2 个间隔 3 棵　　3 个间隔 4 棵　　　4 个间隔 5 棵

简单、直观的数形表达，促使学生自主归纳概括出：两端都栽，棵数=间隔数+1。

学生有了知识和方法经验的积累，再解决 100 棵树的问题，就能顺利做出如下解答：100÷5=20（个），20+1=21（棵）。

二、画示意图，使学生领略数形结合思想

数形结合会使数学学习变得直观、形象、饶有趣味，这符合小学生的学习心理。但数学教学的本真意义是要促进学生思维的发展，所以教学要追求更有价值的学习内容。在解决问题的学习中，教师要引导学生运用数形结合思想，理解数量关系，构建数学模型，发展推理意识和模型意识。

面对三种类型的植树问题，在设计教学时，教师需要通过较小的数据，启发学生观图或画图，寻找间隔数与棵数之间的一一对应关系，并在潜移默化中渗透数形结合的思想。

比如教学"两端都栽"的植树问题："请你设计在 20 米长的小路一边种树（两端都栽），每隔 5 米种一棵，需要准备多少棵树？"教师可以先让学生猜测、分组讨论，再要求学生根据自己的理解画图分析数量关系，列式解答，最后设法验证。

汇报时，有些学生是通过画示意图，"实地"植树来进行验证；更多的学生是通过画线段图来解释数量关系。种种画图方法均指向问题的本质：在"两端都栽"的情况下，植树的总棵数=间隔数+1。

先猜想解答，再通过画图分析、归纳、验证，这样的数学活动不仅体现了数形结合思想的作用，而且学生的几何直观、模型意识等思维水平得到有效提升。

三、动静结合，对学生渗透一一对应思想

课件动态演示植树过程，能够增加学生的视觉体验，加深对间隔数与棵数之间一一对应关系的理解。我们来看看教材例题——"两端不栽"的情况（如图所示）。

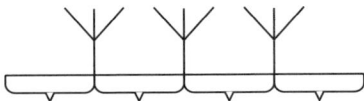

教师课件动画演示植树过程。学生随着动画一起计数：1个间隔，1棵树；2个间隔，2棵树；3个间隔，3棵树；4个间隔……此时课件暂停，没有出现第4棵数。学生立即表示诧异，出现了认知冲突。

生：没树了。

师：请同学们想一想，这时间隔数和棵数之间有什么规律？

生1：我发现一个间隔一棵树，最后一个间隔旁边没有树，所以4个间隔，两端不栽，3棵树。

生2：所以"两端不栽"时，棵数=间隔数–1，这个1就是最后没有与间隔数有对应的那棵树。

至此，学生已经发现棵树与间隔数之间的数量关系，一一对应的数学思想便在心中油然而生。利用一一对应数学思想，学生顺利完成从直观图形到抽象公式的转变过程，数学模型得以建立。

因此，我们需要用一一对应的数学思想统领整个植树问题的教学，明确"间隔数"与"所种树的棵数"的一一对应关系，再以此为基础通过适当变化就可以应对植树问题的各种情况。

此环节通过这样的"动静"结合，基于学生的认知经验，巧妙地将思考分析的过程，转化成数学语言（图形、符号、文字公式）的准确表达，实现数学思维的可视化、语言化，数学学习由浅表走向深刻。

四、触类旁通，促学生培养模型思想

学习的关键及其目的在于运用。在解决"植树问题"过程中，学生归纳概括出解题策略和抽象出数学模型，再利用积累的思维经验就可以解决身边的实际问题，那么应用意识、模型意识应运而生。如，建立"棵数=间隔数+1"的模型后，学生可以完成类似的练习："广场上的大钟5时敲响5下，8秒钟敲完。12时敲响12下，需要多长时间？""5路公共汽车行驶路线全长12千米，相邻两站之间的距离都是1千米，一共有几个车站？"等等。当然，在应用模型解决问题的过程中，学生不能死记硬背，不能机械地简单地套用模型，教师应引导学生展示解决问题的思维程序，并对程序的各个步骤进行剖析，加深学生对数学模型的理解，促进模型的内化，达到面对此类问题时能够举一反三，融会贯通。

其实"植树问题"的建模过程并不复杂。学生通过画线段图、动画演示或摆拼实物等操作直观材料，就能在体验中建构和提炼数学模型。

通过对"植树问题"的教学实践可以看出，学生只有参与多样的学习体验活动，经历问题解决的全过程，才会对"植树问题"中蕴含的转化、数形结合、一一对应、模型等数学思想有深入的认识，有深层的感悟。对学生来说，这种意义学习显然要比直接讲授结论印象深刻得多！

数学知识与数学思想是联系的，数学思想离不开具体的知识教学，空谈数学思想是没有意义的。数学知识的发生、发展过程，也是数学思想发生和凸显的过程。因此，在教学实践中，不管是数学概念的形成与抽象，还是公式法则的归纳与概括，抑或是特征规律的探索与发现，教师都应该引导学生经历知识的形成过程，主动探索和解决问题。学生只有经历了观察、实验、分析、综合、归纳、概括等过程，才能获得对数学知识的深刻理解，也会获得对数学思想方法的深刻感悟。

第四辑 // 教学随笔

构建思维成长的数学课堂，需要我们创设乐学、会学、善思、内省的数学课堂文化氛围。我们需要关注课堂生成，捕捉学生思维的亮点；我们需要善待学生的错误，进行容错、化错；我们需要聚焦教学的难点、热点问题，厘清教育教学的认知；我们需要记录日常教学的行与思，审视自己的教学行为，进行教学实践的理论性反思。

我思故我在。一个乐于探索、勤于思考、善于反思的具有积极教学态度的教师，定会享受数学教学和课堂活动带来的乐趣，定会影响学生的数学学习，让学生更加喜欢数学，并在学生心中播下数学思考的种子。

关注课堂生成，走出教学困惑

数学教学活动要处理好"预设"和"生成"的关系。面对生成性资源，教师要及时把握，因势利导，合理利用，使数学活动达成良好的教学效果。可在教学实践中，面对生成，有些执教老师总显得有些束手无策或敷衍了事，"预案牵着老师走，老师牵着学生走"，结果是教师讲得累，学生听得累，观课老师也昏昏欲睡。那么如何避免上述教学情形在自己的课堂上出现，如何把握和利用好生成性资源，帮助教师走出教学的困惑和演绎出精彩的课堂，下面结合青年教师的三节公开课"长方体的认识""找规律""植树问题"，谈谈自己的一些理解和思考。

一、在问题情境中利用生成，激发兴奋点

"学起于思，思源于疑"，学生的思维往往是从问题开始的。通过问题驱动，让学生的解决方法和思维方式进行碰撞，从而引起认知上的冲突，激发起求知欲和学习积极性。

教学"植树问题"时，教师首先出示问题情境："同学们在全长100米的小路一边植树，每隔5米栽一棵树（两端都栽）。一共需要多少棵树苗？"然后引导学生读题，分析题意后，放手让学生尝试解决。很快，学生有了自己的答案，汇报后教师将其板书如下：

①100÷5=20（棵）

②100÷5=20（棵）　　20+2=22（棵）

③100÷5=20（棵）　　20+1=21（棵）

师：现在出现了三种答案，同意第①种的请举手。

（其实当第②③两种答案写在黑板上时，第①种答案的支持者已似有所悟，所以举手者寥寥无几。）

师：同意第②种的同学，请举手。（举手者为数不少。）

师：同意第③种答案的呢？（举手人数几乎与第②种的相等。）

师：每种答案都有支持者，尤其是第②③两种答案的支持者较多，到底是20加1，还是20加2呢？

（还没等老师说完，第②③两种答案的支持者纷纷说出自己的理由，据理力争。）

师：到底哪种答案是正确的呢？怎么验证来支持自己的观点？

生（纷纷举手）：我们可以通过画图的方法来验证！

好奇、好胜是孩子们的天性。教师抓住学生的这一年龄特点，通过创设问题情境，诱发学生生成出不同的问题答案，让他们在认知上产生强烈的冲突，非要为自己的说法讨一个"公道"，使原本枯燥的数学活动充满了活力，课堂气氛也热情高涨。

二、在探究体验中抓住生成，突破难点

教学中，教师如何在学生探究体验的活动中抓住生成，有效地突破重难点，在这里举两个生成性案例进行诠释。

在教学"长方体的认识"时，有序地说出棱的条数是教学的重难点。如何突破这一难点，教师要充分考虑学生的已有经验和认知特点——大多数学生会"先数上下或左右8条棱，再数中间4条棱"，抓住学生对中间4条棱的数法，给予重点强调的语气，用手比画加深印象，使学生明白：中间4条棱方向一致，是相对的棱。然后，教师因势利导要求学生像数中间4条棱一样，数出其他8条棱。此时，难点得以突破，学生既能有序地数出12条棱，又能

为学习棱的分组作铺垫，可谓一举两得。

又如在教学"找规律"时，教师出示"△▲△▲△▲△▲，请找规律"这一问题，让学生交流汇报。很多学生得出：图形是按1个△1个▲为一组重复排列的。这时，一个声音传来："老师，我有不同的想法。"听到有人有不同的方法，老师感到很惊讶，迟疑几秒后，让那位同学说说自己的想法："我认为，图形也可以按1个▲1个△为一组重复排列。"老师耐心地听着，让学生继续说出自己的理由："如果从右向左看，图形就是按1个▲1个△为一组重复排列的。"此时此刻，老师脸上露出笑容，说道："你真是个善于观察的孩子，当我们观察的起点不同，物体的排列规律是不一样的。谢谢你给大家提供了一个观察物体找规律的方法。"接着，老师顺势引出主题图的第三个问题：男女小朋友围成一圈，怎样找出排列规律？学生很轻松地给出两种不同的排列规律，使问题得以顺利解决。

正是老师的耐心等待，善待学生的意外生成，才巧妙地化解了"物体按圆形排列如何找规律"这一教学难点，使得整个课堂教学显得自然流畅，生动而精彩。

三、在交流思辨中捕捉生成，点燃亮点

课堂中，学生的讨论和争辩往往会不经意地出现一些亮点。这些亮点是学生学习的顿悟、灵感的萌发，教师必须用心倾听、敏锐捕捉和充分肯定，并利用这些"意外亮点"引导教学进程，使课堂在动态生成中达成教学目标。

仍以"植树问题"这节课为例，教师出示课件："当小路全长为20米时，每隔5米栽一棵（两端都栽），一共需要栽多少棵？"然后让学生独立解答，汇报结果。

教师板书算式：$20÷5=4$，$4+1=5$（棵），然后问道：$20÷5=4$求的是什么？学生很快答出：求的是间隔数。

师继续追问：$4+1=5$（棵），又表示什么意思？

让同桌之间讨论后，全班交流。

生1：1棵树对应一个间隔，所以是4+1=5棵树。

生2（急不可耐）：不对，他说得不完整，1棵树对应一个间隔，应该是4个间隔4棵树，怎么是5棵呢?

生3（抢着回答）：我是这样认为的：1棵树对应一个间隔，4棵树对应4个间隔，还剩1棵树，所以是4+1=5棵树。

师：你们的意思是，树和间隔是一一对应的，是这样的吗?

生3：是的!（师及时板书：一一对应）

师：为什么还剩下1棵树没有对应?

生4（高高举手）：我知道，那是因为路的两端都栽，所以没法对应!

师及时总结：在"两端都栽"的情况下，我们认为的一一对应是指除了最后一棵树外，其余的树和间隔是一一对应的。

正如一位评课老师所说：本节课的亮点就在这里，学生能够自己表达出棵数和间隔数是对应的这层意思，说明一一对应思想已在学生脑海中孕育而生，那么这节课的教学目标也就达成了。在交流争辩中，学生的思路越来越清晰，理解越来越接近问题的本质，数学思想方法（数形结合、对应、转化、模型等思想）得以有机渗透。因此，亮点因为思辨而闪烁，课堂因为亮点而精彩。

四、在练习纠错中借助生成，化解疑点

布鲁纳说：学生的错误都是有价值的。因为学生的错误能暴露出教师教学上的盲点和学生学习上的疑点，是一种宝贵的教学资源，所以教师要善于捕捉和把握，灵活利用，变"废"为宝，发挥错误的最大功效，以弥补教与学上的不足。

教师在教学"找规律"时出示下图，让学生有规律地涂出自己喜欢的颜色。

学生在答题纸上完成后，纷纷举手要求台前展示。被老师点到名的一名

男同学兴高采烈地来到展台前，将自己的作品展示出来（他是按1黄2红的规律涂色的）。

此时此刻，这位学生还没有意识到自己的错误，边用小手指着边说："我是这样涂的——1朵黄花2朵红花为一组重复涂。当这位学生指完第3组后，沉默不语，表情也由晴转阴了。

这时老师轻轻地拍拍他的肩膀，问道：怎么了，孩子？有问题吗？

这位学生怯怯地说道：最后一组只有一朵花……

老师安慰道：这样涂色，有规律吗？

生不再言语，仅仅摇摇头——表示没有规律。

看到这里，老师没有再接着问下去，而是让其他学生纷纷发表观点，看谁能帮这位同学解决问题。

生1：两个为一组，可以涂成黄色和红色。

生2：三个为一组，不够了再补出来，就行了！

生3：还可以四个为一组。

最后，老师总结道：通过刚才的讨论，我们进一步掌握了找规律的方法，那么，同学们，是谁帮助我们对找规律有了更深的认识？

全班同学不约而同地将视线集中到刚才出错的学生身上。此时，这个学生如释重负，脸上也露出了微笑。

教师对待做错题的学生要有耐心，善待呵护他们的情感，帮助他们重拾自信；同时面对学生的错误，要因势利导，挖掘错因，让学生在纠错、改错中领悟方法，发展思维，实现创新。

回顾磨课历程，重现教学时一幕幕情景，我们深深地认识到：当我们的教学设计遇到困惑时，要回归课堂，在课堂生成中寻求答案；当课堂生成与预设背道相驰时，我们应沉着冷静，及时调整预案，顺学而导；面对生成，我们一时无语时，可以放手让学生去思辨，在思辨的过程中，争取更多的思考时间；预设再好，也难演绎出课堂的真实、精彩，因为只有关注课堂生成，才能帮助教师走出教学困境。

借用一句经典台词讲述我和"生成"的关系："生成"虐我千百遍，我待

"生成"如初恋。正是有了这种执着，通过一次次的教学实践，我们面对生成才更加自信从容；正是因为有了"生成"，我们的课堂才会变得与众不同！总而言之，新课程理念下的数学教学，"动态生成"的课堂应该成为我们教师孜孜不倦的追求目标。

当课堂意外来袭

——课堂教学故事二三则

面对课堂教学中遇到的"意外生成",你是不是认为生成一定要及时抓住,并转化成课堂资源,这样才会成为课堂亮点,促进学生的发展?那么所有的生成都需要在课堂上处理吗?所谓"运用之妙,存乎一心",恰当处理才是上策。下面,以课堂教学中发生的三个故事为例,谈谈自己的看法。

一、执意探究

执教"分数除法应用题"时,在课后练习环节出示了这样一道题目:"学校图书馆有科普书562本,比文学书的$\frac{2}{3}$少36本。图书馆有文学书多少本?"

绝大部分学生是这样解答的:$(562+36)\div\frac{2}{3}=897$(本),只有王同学列出了一个奇怪的算式:$562\div\frac{2}{3}+36\div\frac{2}{3}=897$(本)。

面对这种解法,大家一头雾水:"怎么能这样算呢?""是瞎凑的吧?""这样做好像有些道理。"

面对这个生成,自认为有两把"刷子"的我又惊又喜——正好可以"大展拳脚,施展才华"了。

师:请你讲一讲这样列式的道理。

王同学支支吾吾半天也没讲出个所以然来。

师：这两个算式好像有些……

生：这不就是利用了"除法分配律"吗？（虽然学生还没学过所谓的"除法分配律"，但在四年级偶尔接触过此类题目。）

生：单从两个算式的变化上看，确实利用了"除法分配律"，但具体在这道应用题中是讲不出道理的。

师：算式好像有道理，但又很难讲出来，你们愿意研究下去吗？

生（齐）：愿意！

师：怎么研究呢？在解应用题时，遇到难题，我们可以借助什么来解决？

生：线段图。

学生开始画线段图思考问题，可画线段图谈何容易？学生费了很大力气，都以失败告终。"自信"的我并没有放弃对此题的探讨，开始"硬生生"地带领他们画线段图（如图），分析这种方法的合理性。

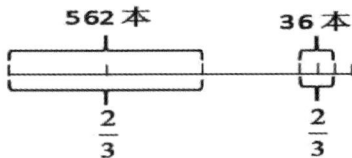

假设科普书是文学书的 $\frac{2}{3}$，那么文学书有 $(562 \div \frac{2}{3})$ 本。但实际上科普书比文学书的 $\frac{2}{3}$ 少36本，那么原来文学书的 $\frac{2}{3}$ 比假设后的 $\frac{2}{3}$ 还多了36本。也就是说，原来文学书的 $\frac{2}{3}$ 少算了36本，这36本文学书正好对应假设前后文学书本数差的 $\frac{2}{3}$。所以，文学书的实际本数就应该比假设的本数多 $(36 \div \frac{2}{3})$ 本，即文学书应该有 $(562 \div \frac{2}{3} + 36 \div \frac{2}{3})$ 本。

最终我"讲明白"了道理，但学生呢？绝大多数听得糊里糊涂，不知所云。"落魄"的我尴尬地败下阵来。

二、善意搁置

执教"多边形的面积计算"时，教师带领学生解决下面一道题目：在梯形 $ABCD$ 中，哪些图形的面积是相等的？

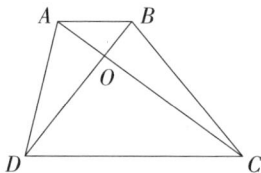

学生很快找出 $\triangle ADC$ 和 $\triangle BDC$，$\triangle ABD$ 和 $\triangle ABC$，$\triangle AOD$ 和 $\triangle BOC$ 的面积是相等的。这时，马同学冷不丁地冒出一句：上下两个三角形面积的乘积（$S_{\triangle AOB} \times S_{\triangle COD}$）等于左右两个三角形面积的乘积（$S_{\triangle AOD} \times S_{\triangle BOC}$）。

我好奇地问了一句：你是怎么知道的？他兴奋地告诉我：前段时间看到一个公众号里介绍过"蝴蝶定理"，里面就是这么说的。面对这个"意外生成"，我又惊又喜，当众表扬了他，然后问其他学生有没有听说过"蝴蝶定理"，大家都摇摇头。我问马同学，能不能解释一下为什么上下两个三角形面积的乘积等于左右两个三角形面积的乘积，他讲了半天也没说清道理。有了上一次的"教训"，我选择了搁置问题，表扬马同学的同时，表示这样的问题可以留到课后研究。

师：你能主动地获取知识，值得表扬！但学习数学不仅要知其然，还要知其所以然，为什么它们的乘积相等呢？马同学可以课下深入研究一下，相信你会收获满满。

课后，我发现还有一名学生也对"蝴蝶定理"感兴趣，就把他俩带到办公室进行了辅导，然后鼓励他们写出研究报告。半个月之后，他们俩交给我一份"梯形蝴蝶定理"研究性学习报告。我把这份报告在课堂上展示，这引起了班级研究性学习的热潮，很多学生开始有意识地开展各种问题研究。比如，求梯形的面积，除了转化为平行四边形，还可以转化成什么图形；抛图钉后，针尖朝下的概率是多少。除了上述知识类的研究性学习，学生还关注到身边的一些事情。比如，冬天很多学生把学校公共饮用开水灌进暖水袋，每节课都换一次水，这样做浪费了水和电等资源，有什么好的解决方法。

搁置问题，虽然没能使课堂"绘声绘色"，却成就了学生课后的精彩，这何尝不是一种"成功"？

三、有意调控

执教"3的倍数的特征"一课时，课始，我让学生猜测3的倍数有什么特征，大多数学生说"个位上是3、6、9的数，是3的倍数"，少部分学生举出反例加以否定。这是我预料之中的。但刘同学的一句话让本来"流畅"的课堂起了"波澜"。

刘同学：如果各个数位上的数字之和是3的倍数，这个数就是3的倍数。

我质疑道：你确定吗？

他自信地说：当然确定了，我还知道为什么呢。比如，126，1个百除以3余1，2个十除以3余2；6个一除以3余0……

其他学生虽然听得似懂非懂，但还是给了刘同学以掌声。突如其来的情况让我措手不及：是有人在课前向他讲解过？还是提前看书了？（人教版《数学》五年级下册"你知道吗"有相关知识的介绍）怎么办？还没得出3的倍数的特征，此时如果直接探讨这个问题，势必会使大部分学生云里雾里；但如果不处理，又会错失一次"讲道理"的机会。

短暂的思考后，我问了一位鼓掌的学生：你为什么要送给他掌声？

生：他太厉害了，知道这么多知识。

师：是的，我们应该为刘同学点赞！同学们，你们听懂他说的了吗？

大多数学生不好意思地摇了摇头。

师：你觉得他说的有没有道理？（有。）验证过吗？（没有。）那现在怎么办？

接下来的教学环节由"发现"变成了"验证"，同学们不仅证实了刘同学的方法，而且明白了方法背后的道理。

突发的情况使得教学被迫改变了原有的轨迹，但有意的调控同样演绎了精彩课堂。

四、教学思考

课堂上的意外生成随处可见，面对意外来袭，是回避、搁置，还是利用？上面的三个故事很好地回答了这个问题。

故事一中，只有极少数学生能理解王同学的算法，绝大部分学生似懂非懂，甚至一头雾水。显然，课堂上强行的探讨对于学生的学习是没有帮助的。底线问题都没有解决，何谈学生的发展呢？如此探讨下去，只会让师生"两败俱伤"。

故事二中，面对课堂生成，先让学生展示个性思维，但展示不一定要即时探讨与推广，当学生一时无法理解时，可选择暂时搁置问题。搁置不代表放弃，只要是有价值的问题都可以展开探索，只是这时的探索由即时解决变成了延迟解决或课下研究。当课下的探索有了一定的成果后，组织学生分享研究的成果，这样既是对研究者的肯定与赞扬，也是对其他学生的一种示范与启发，学生会从他人的研究中学会研究方法，激发求知欲望，培养研究精神。

故事三中，个别学生已经提前知道了新知并初步理解了其中的道理，当他们"自豪"地讲解时，绝大多数学生听得云里雾里、不知所云。此时，教师是回到既定的教学设计中继续前行，还是直面学生的问题顺势而为？显然，既然结论已出（也正是本课的教学目标），我们就没有必要再"遮遮掩掩"了，应该将"意外"视为宝贵的课程资源，有效地利用、巧妙地处理，让"意外生成"变成"意外精彩"。

"平方十米"沉浮记

　　这是一节临时调换的课，由于课前没有做充足的准备，就让学生自由讨论刚刚学完的"公顷和平方千米"的收获和感受。不经意间的一节课，却带来意外的惊喜，学生不仅打通面积单位之间的进率关系，而且运用类比推理习得问题解决的方法。同时，我真正意识到：学生是鲜活的生命体，只要教师善于点拨引导，提供自由舒展和呼吸的空间，学生的思维火花就会在碰撞中耀眼夺目，创造潜力就会在思辨中倾泻而出，从而演绎出精彩纷呈、富有诗意、思维成长的数学课堂。

一、情境再现

　　师：同学们，上节课我们学习了"公顷和平方千米"，现在请大家回顾一下，我们学过了哪些面积单位？你能用你喜欢的方式把它们整理出来吗？

　　学生纷纷拿出笔和纸认真做了起来。按照惯例，学生独立完成后，同桌交流评价并完善作品。

　　师：请大家来欣赏这幅作品，你有什么要说的吗？（如图）

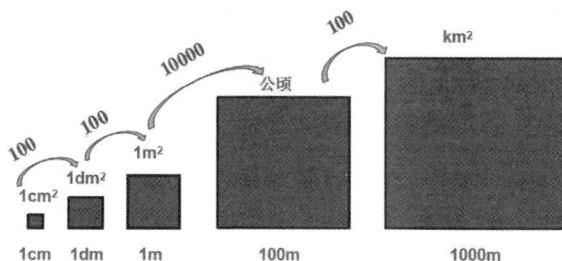

陆同学：我发现别的面积单位都有英文名称，"公顷"的英文怎么写？

这一问，我很惊愕，人教版教材上好像没有给出"公顷"单位的英文写法，而我一时也记不起来了。面对这一尴尬场面，该怎么办？急中生智，我将问题抛给学生，这是教师惯用的"迂回"战术，以给自己争取思考的时间。

师：同学们，你们认为"公顷"单位的英文该怎么写？大家想一想：平方米写成 m^2，m 是英文 meter 的缩写；平方千米写成 km^2，km 是 kilometer 的缩写，其中 k 表示"千"。

这时一个女生怯怯地举起小手，说：我知道应该是 hm^2，因为 one hundred 是 100 的意思，所以应该是 hm^2。

葛同学（惊叫起来）：老师，我知道了，公顷可不可以叫"平方百米"？

师：你能不能给大家一个合理的解释？

葛同学：边长为 1 m 的正方形，面积是 1 m^2；边长为 1000 m 的正方形，面积是 1 km^2；那么，边长为 100 m 的正方形，面积是 1 hm^2，所以公顷也叫"平方百米"。

面对公顷的"平方百米"的叫法和英文写法 hm^2，当时我心里也不确定。学生也半信半疑，等待着老师的裁决。情急之下，我又一次当起了"甩锅侠"。

师：公顷的英文写法是 hm^2，还可以叫"平方百米"，到底对不对呢？除了问老师，你还有什么办法？

生：可以上网查⋯⋯

刚好，电脑还没关上，于是我和学生一起搜索"公顷"，屏幕上弹出如下画面：

单位符号

公顷的单位符号用 hm^2 表示，其中 hm 表示百米，hm^2 的含义就是百米的平方（英文为square hectometer），也就是10000平方米，即1公顷。

另外公顷还可以用ha表示，是面积单位公顷（hectare）的英文缩写。国内不推荐使用ha。

当学生看到放大的画面时，不由自主地惊呼起来，将眼光投向任同学和葛同学，全班响起了热烈的掌声。

此时一向胆小拘谨的余同学，也举起小手：老师，我也有个问题，为什么平方米和公顷之间的进率是10000，其他相邻的单位进率是100？

一石激起千层浪。班级里顿时又沸腾起来了，"是呀，怎么会不一样呢？""感觉好像没有规律？""难道中间少了一个单位？"大家议论纷纷，犹豫不决，随即教室一片沉寂，大家陷入思考之中……

看到这里，我本想介入，这时，葛同学又举起手来。

葛同学：我觉得中间少了一个单位，应该有"平方十米"。

"平方十米？"带着疑问，大家把目光从葛同学的身上移向了我，似乎在寻求老师的帮助和判断。此时，我断定葛同学"平方十米"的提法是有根据的，加上先前"平方百米"的说法，也足以表明他掌握了面积单位的意义和进率关系，但我也相信其他学生能够发现问题、给出解释、作出判断，所以，我又一次"甩锅"，将问题抛了出去。

师：刚才葛同学提出了"平方十米"这一面积单位，大家有所怀疑，谁能给大家解释解释，这种说法到底对不对？

思考片刻，大家纷纷举起手来。

孙同学：我觉得是对的，因为前面是平方米，后面公顷是平方百米，还有平方千米，所以中间少了"平方十米"。

李同学：我还知道什么是"1平方十米"，就是边长为10米的正方形的面积。

师：看来大家不仅赞同葛同学的想法，还给出自己的合理解释。那我们可以把"平方十米"加上去吗？（可以。）

这时，我郑重其事地将"平方十米"和"边长为10米的正方形"写在上述作品的上方。

师（指着平方米、平方十米、公顷）：它们之间的进率是多少？（100。）

师：为什么，谁来说说？

陆同学：因为十米=10米，10米×10米=100米²，所以1平方十米=100平方米。

李同学：如果用边长为10米的正方形去摆面积为1公顷的正方形，要摆10行10列，所以1公顷=100平方十米。

师：你们同意他们的观点吗？

学生表示同意，师板书：进率100。

师：通过刚才的讨论，大家不仅找到了"平方十米"这一面积单位，而且用计算和拼摆的方法验证平方十米与平方米和公顷的进率都是100，再次证明了葛同学的想法是正确的！

话未落音，全班报以热烈的掌声。

师：既然大家发现新的面积单位——平方十米，学以致用，谁来说说生活中哪些物体的面积是1平方十米。

周同学：学校报告厅的面积和食堂的面积大约为1平方十米。

师：说说你的理由？

周同学：教室的面积是50多平方米，报告厅和食堂大概都有两个教室那么大，所以应该有1平方十米。

周同学：我家房间的面积是108平方米，大约是1平方十米。

师：看来，大家对平方十米有了一定的了解，那在生活中，你见到或听说过平方十米吗？

学生顿时迟疑了一下，带着这些问题，纷纷议论起来。"真的没有见过？""难道在生活中没有用？""或许可以用别的面积单位代替？"

李同学：我来说，生活中没有听过和见过平方十米，因为1平方十米就是100平方米，所以，我们用平方米就行了，不用平方十米。

周同学：比如说，我家房子的面积是120平方米，如果说成1平方十米20平方米，反而让人听不懂了！

师：说得很好，其实在生活应用中，我们描述一些建筑物面积的时候，用平方米表示就够了，用平方十米反而不方便。

李同学：我知道了，小的面积用平方米，大一些的面积用公顷就行了。这也许就是课本上没有介绍平方十米的原因吧！

其余学生点点头，均表示认同。

二、教后感悟

这是一节很自然的课，没有华丽的课件，没有刻意的雕琢，有的只是贴着学生的思维顺学而导。学生在问题解决中，在知识"得""失"间，学习经历一波三折，思维前行跌宕起伏，呈现出一幅自然、朴实、生动的课堂景象。

（一）"缺"——缘于学生的认知经验

教师选择的问题情境应该引发学生的认知冲突，激发学生的探究欲望。从展示学生作品——面积单位的知识结构图中，学生经过认真观察、充分质疑、讨论交流，不仅发现"公顷"没有自己的英文名称，是"另类"的面积单位，而且所呈现的面积单位之间的进率是不统一的，是有"断层"的。两处知识点的"残缺"，显然会引起学生观感上的不舒服，引发主动探求问题解决的方法，追求知识结构的和谐统一，并使之悦纳到原有的认知结构中。

（二）"得"——基于知识的内部结构

类比推理是非常重要的一种推理形式，它是从特殊推向特殊的推理。学生基于对已有面积单位的意义和关系的理解，运用类比推理构造出"平方十米"这一新的面积单位——边长为10米的正方形，其面积就是100平方米，并用计算和拼摆的方法推导出平方米、"平方十米"和公顷之间的进率关系是100。"平方十米"的获得，填充面积单位之间的空白，理顺知识之间的联系，由此建构的知识网络更加结构化和系统化。对应教学价值而言，这一环节重视培养学生整体的视角和联系的思维，促进创新意识的发展。

（三）"失"——源于应用的价值判断

数学源于生活，最终还要运用于生活。"平方十米"的出现有效弥补知识结构的短板，但教材和生活中都没有出现这一面积单位，其道理何在？面对这一问题，再次打破学生的认知平衡，激发学生探究的欲望。学生利用已有经验，联想身边实际，发现现实生活中没有"平方十米"，进而给出自己合情合理的解释：用几百平方米甚或几千平方米描述一些稍大的物体面积时，更为人们熟知和接受。学生对知识结构的关注"让位"于知识的实际应用价值。通过对"平方十米"的坦然舍弃，彰显了学生的理性判断精神和数学应用意识。

不是锤的敲打，而是水的载歌载舞，形成美丽的鹅卵石。虽然整节课的讨论内容超过了教材范围，但精彩的互动与生成使课堂充满着生命的活力。教师用心激发并呵护孩子们的求知欲望，给予他们质疑、思考、探究、理辩的空间，使之个性得以张扬；学生又在不断地追求平衡中，让思维犹如溪水自然流淌，又似夏花绚烂绽放；教师、学生、教材三位一体，和谐共存，共同构筑了原生态的生命成长课堂。

"$\frac{3}{2}$" 的 "根" 在哪里

一、问题缘起

前日,濡溪路教育集团的刘老师打来电话,同我讨论一道数学问题。问题是新人教版教材六年级上册"一个数除以分数"的例2内容:小明 $\frac{2}{3}$ 小时走了 2 km,小红 $\frac{5}{12}$ 小时走了 $\frac{5}{6}$ km。谁走得快些?

在"求小明1小时走多少千米"时,他问道:在算式"$2 \div \frac{2}{3} = 2 \times \frac{1}{2} \times 3 = 2 \times \frac{3}{2} = 3$ (km)"中,"$2 \times \frac{3}{2}$"这个算式是怎么得来的? 其实,我知道,他是在问"$2 \times \frac{3}{2}$"这个算式对应的数量关系是什么或者在线段图中如何解释。显然,他在深入思考算式的本源,而不是算式运算上的解释——这里运用了乘法的结合律,把"$\frac{1}{2} \times 3$"结合后便是 $\frac{3}{2}$。我也曾经做过调查,一些老师在讲解这一点时,都会给学生运算形式上的解释,其目的就是往 $\frac{3}{2}$ 上"凑",不免会让学生被动地去接受一个数除以分数的算理和算法。

刘老师的问题给了我很大的触动,因为这个问题也困扰过我很长一段时间。奉"让数生根"为圭臬的我,总认为在计算教学中任何算式和数总能找到它的"根"，即赋予它故事情境、数学模型或几何解释等意义建构。可这里的"$2 \times \frac{3}{2}$"在题目中的"根"又在哪里呢？我的"让数生根"的教学理念第一次遭遇了尴尬。

二、追"根"究底

同样地，当我开始给我的学生讲授这节内容时，面对"$2 \times \frac{3}{2}$"这个算式，再一次陷入思考："同学们，老师有一个问题想请教大家，这里的'$\frac{3}{2}$'，我们都知道它可以通过$\frac{1}{2}$和3结合相乘得到，那么它在题目中到底表示怎样的数量关系呢？这个问题老师想了很长时间也没有结果，你们能帮帮老师吗？"

同学们纷纷议论起来，有的认真作图，有的陷入深思。"老师，我们会努力想的，但我们相信你，你一定能想起来的。"听到孩子们鼓励和信任的话语，我一回到办公室，便静下心来，审视"$2 \times \frac{3}{2}$"这个算式。"非不能也，乃不为也"这句话言犹在耳，心中始终有一个念头，"$\frac{3}{2}$"一定有"根"，只是没有找到而已。"$2 \times \frac{3}{2}$，$2 \times \frac{3}{2}$，……"就这样反复思忖着，"难道它有$\frac{3}{2}$个2？——对，它就表示$\frac{3}{2}$个2"。这时恍然大悟，为什么我总是纠结于"$\frac{3}{2}$"，而不换个角度去关注"2"呢？带着这个想法，再回到题目和线段图中，思路渐渐明朗起来，一切问题都变得迎刃而解。

题目问题是"求小明1小时走多少千米"，列算式是"$2 \times \frac{3}{2}$"，表明：1小时里面有$\frac{3}{2}$个2 km，继而转化为1里面有几个$\frac{2}{3}$$\left[1 \div \frac{2}{3} = \frac{3}{2}（个）\right]$，就有几个2 km（$\frac{3}{2}$个）。此时，从下面线段图中也能给出直观、合理、完美的解释：

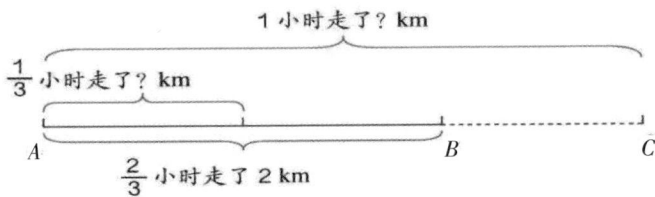

图中线段 AB 是 1 个 $\frac{2}{3}$ 小时走的路程，而线段 BC 是 $\frac{1}{2}$ 个 $\frac{2}{3}$ 小时走的路程，所以线段 AC 是 $(1+\frac{1}{2})$ 个 $\frac{2}{3}$ 小时走的路程，也就有线段 AC 长表示 $(1+\frac{1}{2})$ 个 $2\,km$，于是得出：1 小时走的路程是 $2 \times \frac{3}{2} = 3$（km）。

三、应对策略

分析到这里，结合教材编排意图，观察算式 "$2 \div \frac{2}{3} = 2 \times \frac{1}{2} \times 3 = 2 \times \frac{3}{2}$"，我们不难发现，这个例2有三种不同的解法，对应着三种不同的算式和算理。

第一种解法：$2 \div \frac{2}{3}$，列式的依据是 "路程÷时间=速度"。

第二种解法：$2 \times \frac{1}{2} \times 3$，其解题思路如教材所说，先求出 $\frac{1}{3}$ 小时走的路程，再求1小时走的路程，这里运用的是归一思想。

第三种解法：$2 \times (1 \div \frac{2}{3}) = 2 \times \frac{3}{2}$，其道理就是上述 "追'根'究底" 的分析过程。

三个算式，蕴含着三种数量关系，对应三种解题思路，殊途同归。

教学，就应该贴着学生的思维前行。如果说让学生依据数量关系列出算式 "$2 \times \frac{3}{2}$" 有一定思维难度的话，那么，我们不妨采用 "猜想—验证—发现—归纳" 的教学方式。那就是在学生读题列出算式 "$2 \div \frac{2}{3}$" 后，我们可以让学生讨论猜测："如何计算呢？" 由于刚刚学完分数除以整数的内容，学生很容易猜测到："分数除以整数，等于分数乘整数的倒数，那么整数除以分数，应该等于整数乘分数的倒数。"于是，学生得出算式：$2 \div \frac{2}{3} = 2 \times \frac{3}{2}$。接着，教师顺势引导："这只是我们的猜测，我们可不可以通过画图的方式验证一下呢，试试看？"如果按照这个思路进行教学，由于学生先前已经猜测到 $2 \div \frac{2}{3} = 2 \times \frac{3}{2}$，所以，接下来的探究就具有了目的性和方向性，学生也会有意识地将算式"$2 \times \frac{1}{2} \times 3$"中"$\frac{1}{2} \times 3$"结合成"$\frac{3}{2}$"，并予以验证。那么，整个思维过程就显得自然而流畅，而不是生拉硬拽地牵着学生往"$\frac{3}{2}$"上"凑"，这也和本节教材中的问话（通过上面的计算，你发现了什么？）进行了无缝对接。明暗两条教学线索，齐头并进，有机结合，学生既能收获基本知识与基本技能，也能收获活动经验和思想方法。

至此，从追问"$\frac{3}{2}$ 的根在哪里"这一问题中，许久的疑惑得以化解，同时也意外地收获到不同的解题思路和应对的教学策略。

笑问"数"从何处来。在计算教学中，我总喜欢追寻数的"根"在哪里，因为它关注的不仅仅是算法和算理的掌握，更关注其中蕴含的思想方法（比如，本节内容主要是数形结合、化归思想、猜测等思想方法的渗透），更是对数学本质的追问和理性的思考，并由此致力于实现计算教学由"双基"到"四基"的有效转变。

化错，打破僵化的思维坚冰

学生在数学学习时，往往以一种习以为常的方式方法解决问题，并自认为理所当然，以致出现新问题时故步自封，思维僵化，不愿主动探究。怎样才能消除这种消极影响，让学生在自由探索中进行积极思索呢？我想，加点"错误"佐料的且具有探究味的情境，能激起认知冲突，引发学生积极思考。

正如华应龙老师所说："有差错，才有真正的学习，才有实质性的学习活动发生。有化错，才有我们期待已久的主动学习、独立思考、创新活动的发生；有化错课堂，才有学生快乐健康地成长。"

以韩东老师执教的"圆的认识"为例，撷取一二片段，诠释教师如何将错就错，让学生在错误中反思内省；如何因势利导，引导学生走出认知经验的束缚，打破思维僵化的坚冰，让思维在课堂上自由地生长。

教学片段一：用正方形纸能剪出一个圆吗

课始，韩老师提出一个问题：把一张正方形的纸对折三次，想剪出一个圆，是直着剪一刀，还是弯着剪一刀？学生认为这个问题"很简单"，想当然认为：圆是一个曲线图形，当然要"弯着剪"。果真如此吗？当韩老师弯着剪一刀打开后，学生惊奇地发现，居然变成了一朵小花（如下左图），怎么会这样呢？"惊异的问题"和"容易引起反应的环境"打开了学生的探究之门，他们顿时产生了兴趣。弯着剪不行，难道要直着剪？学生开始反思。强烈的探究欲，驱使着他们直着剪试试看（如下右图）。

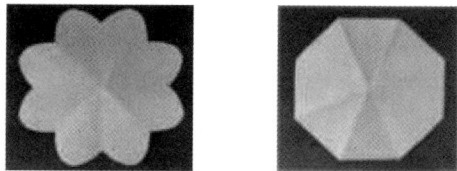

韩老师把两次剪后的图形放在一起，学生顿时有了发现：直着剪比弯着剪更像一个圆。"能不能再剪一下，使它更接近圆？"韩老师指着剪后的正八边形问。"继续对折，再剪，就更接近圆了。"学生异口同声地回答。于是，依次剪出正十六边形、正三十二边形、正六十四边形……如此不停地剪下去会得到什么图形？显然会得到圆。此时，"圆出于方，方出于矩"的思想认识呼之欲出。

学生通过观察有限分割，想象无限分割终极状态，自然地在"曲"与"直"的矛盾转化中萌发了无限逼近的极限思想，为后续学习圆的周长和面积打下思维基础。

教学片段二：不以"规矩"，能成方圆吗

学生通过徒手画圆与用圆规画圆做对比，切实感悟到古人所说的"不以规矩，不能成方圆"的合理性。可是，"不以规矩，不能成方圆"这一说法一定正确吗？这时，韩老师抛出了两个问题：

（1）画圆一定要用圆规吗？显然不是。描出笔帽、胶带、硬币等圆形物体的轮廓都可得到圆。

（2）圆规可以画圆，不用圆规也可以画圆，那古人说"不以规矩，不能成方圆"难道错了？

聪明的学生想到了从语文的视角来诠释其蕴意：这句话告诉我们，行为举止要有一定的标准和规则，做人或做事要遵循一定的法则，讲究秩序，遵循规矩，才能成就事业。这个回答把数学转到了做人做事的道理上，更高一筹，但韩老师引导学生要从数学的角度思考这个问题。

师：从数学的角度分析，你觉得这里的"规矩"只是圆规和直尺吗？

生1：应该是，我在书上看过，我国古代确实有这两种工具。

生2：我觉得不一定，古人也可以用圆形物品画圆，这个"规"不一定指的是圆规。

生3：虽然可以用圆形物品画圆，但有局限性，只能画固定大小的圆。

生4：可以选择不同长度的绳子，固定绳子的一端，拉直绳子后绕一圈就可以画出大小不同的圆了。

师：研究越来越有趣了。我觉得同学们好像会"跳出来"想问题了，谁再来谈谈看法？

生：画圆可以借助的工具有很多，不一定用圆规。但我觉得不管用什么画，都需要借助一定的工具，徒手很难画，因为圆是曲线图形。

师：那你觉得古人所说的"规矩"是什么？

生：可能指的是某些工具，有了工具再利用一定的方法，才能画出标准的圆形和方形。

学生至此明白，"不以规矩，不能成方圆"是指画圆或画方一定要借助工具，再加上正确的方法才行。同时，还引申为做人要遵循一定的章法，遵守一定的规则，才能成为一名堂堂正正之人。

研究到这儿，学生深刻感觉到数学中蕴含的哲理：首先，"不以规矩，不能成方圆"，体现了工具和章法的重要性；其次，没有规矩也能成方圆，体现了思维与方法的灵活性和创造性。

教学片段三：车轮只能是圆的吗

课的最后，主要讲述圆在生活中的应用。学生纷纷举出生活中含有圆的物体：陀螺、钟面、蒙古包、窨井盖、车轮……

抓住车轮问题，韩老师顺势发问：为什么车轮要设计成圆形？

生：是为了使行驶更平稳。

师：设计成圆形，行驶起来就一定平稳吗？

生：如果路面不平也不行。

师：平坦的路面就一定平稳吗？

生：还要考虑车轴的位置，如果车轴不在圆心上，车轮上各点到车轴的距离不相等，车子也会颠簸。

师：设计成其他形状，车子行驶起来会不会平稳？

生（齐）：肯定不平稳。

学生的回答相当一致。车轮必须是圆的，"圆，一中同长也"，这样就保证了车轴与地面的等高，车子行驶起来就平稳了。这似乎已是常识了，但习以为常未必为真。其实，还有一种"莱洛三角形"车轮（如图），如果平板车使用这种形状的车轮，那它在平坦的路面上也不会颠簸。以正三角形的三个顶点为圆心，以边长为半径，得到三条相接的圆弧，这三条圆弧围成的图形就是莱洛三角形，它是一种等宽曲线。不论从什么方向用两条平行线夹住它，这两条平行线之间的距离总是一样的。

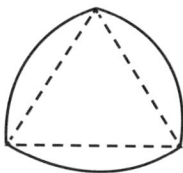

从这个角度思考，车轮一定要是圆形才不会颠簸吗？显然不是。其实，照这个思路继续思考下去，车轮只能是"莱洛三角形"吗？"莱洛五边形""莱洛七边形"……是不是都可以呢？

课至此结束，学生陷入深思，他们带着问题、带着思考离开了课堂。

妨碍人们创造的最大障碍，并不是未知的东西，而是已知的东西。习以为常让我们养成了僵化思维、经验定势，总喜欢重复一些现成的思考模式和行为方式，这就妨碍了思维的创新与发展。在教学中，多让学生在错误中碰壁，在思辨中探寻，才能摆脱对路径与策略的依赖，做到问题具体分析、思维灵活变通。

而化错，会使思维的课堂画面如"清凉山之畔，竹径数转，别有人间"。

得失"剪""画"间
——对一个常见教例的改进与思考

近日，聆听了一节有关"圆的练习"的课。课中，授课教师引用一道例题：在长为21厘米，宽为12厘米的长方形纸上画直径6厘米的圆，最多能画几个圆？并让学生独立思考，列出算式：21÷6＝3（个）……3厘米，12÷6＝2（个）。教师继续解释：沿着长可以画3个，沿着宽可以画2个，一共能画3×2＝6（个）。

无独有偶。笔者对这一问题："在一个长方形里最多可画几个最大的圆？"在网上进行搜索，网页显示出大量相关词条。遗憾的是，绝大多数的答案显示：在给出具体数据的长方形内，画最大的圆，能画可数个圆；长决定圆的个数，宽决定圆的大小。

细细琢磨，感觉上述例题有一些不妥，表述上不够严谨，容易得出截然不同的结论而不被察觉。大家不妨取一张长方形的纸，在长方形内试画一个最大的圆，圆心稍微向左或向右移动一下，又可以画一个圆，依次下去，画出的最大圆不是可数的，而是无限个。有趣的是，这些圆心形成的轨迹是一条线段，并位于长方形的中位线上。（如图）

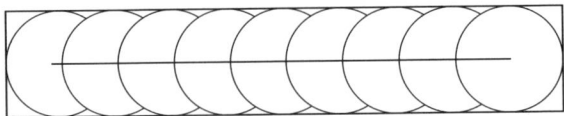

究其不妥的原因，可能存在以下解释：或者缘于教师的思维定式，或者缘于不以为然。所谓思维定式，就是教师本身也会不假思索地画几个最大的

圆而且不重叠，换言之，圆重叠的情况从未在脑海中闪现过。所谓不以为然，就是教师认为要求画圆，当然是画不重叠的圆，何必再强调呢？或者教师想当然认为，学生根本就不会画重叠的圆。

无论何种原因，这里都有必要指出来并予以修正，因为只有这样才能保证这道经典例题的严谨性和教学功能。

有鉴于此，笔者曾经尝试着在课堂上从以下三种方式对此题进行改进，并取得良好的教学效果。

改进一：你认为在长方形里最多可画几个最大的且不重叠的圆？画画看。

这种改进方法最为直接、有效。分析上述例题的错因，就是没有在画圆的前面附加"不重叠"这一条件，才导致错误结论。因此，哪怕是大家习以为常的数学知识，在传授给学生时，都要准确无误地表述出来。

改进二：你认为在长方形里最多可剪几个最大的圆？试一试，画画看。

考虑到学生在解决实际问题时，经常遇到"在一个长方形铁皮里最多可剪几个最大的圆"这一类问题，我们可以改进，将此问题中的"画"字改为"剪"字。虽然一字之差，却可以避免出现圆重叠的情况，也能体现出数学语言的严谨性，还能体现出数学与生活的紧密联系和培养学生的应用意识。但要"剪"出最大的圆，尤其在课堂教学中又不具有操作性，所以，在提出"剪几个最大的圆"时，教师立即话锋一转，"大家试一试，可以先在纸上画画看，到底能剪几个"。借助语言手段，以"画"代"剪"，巧妙地引导学生从"剪"圆过渡到"画"圆上来。这样一来，整个教学环节就显得自然流畅，水到渠成，既提供给学生动手操作的机会，又能帮助学生解决实际问题，可谓一举两得。

改进三：你认为在长方形里最多可以画几个最大的圆？圆心在什么位置？你有什么发现？

其实，不附加限制条件，直接问："你认为在这个长方形里最多可以画几个最大的圆？"难道这题就无法解决了吗？答案是肯定的，不仅可以解决，而且还有非常好的教学价值。

教师应给学生充分操作的空间和思考的时间，让学生自由地发表自己的观点，并展示学生的作品，引导学生讨论并评价。

师：同样画最大的圆，为什么圆的位置不一样？

生：圆心位置不同，圆的位置就不一样。圆心决定圆的位置。

师：你们认为圆心在什么位置？你有什么发现？

生：在长方形的中线上。

师追问：在整个中线上，都可以画最大的圆吗？能画出多少个？

生：都可以画，且可以画无限多个。

此时，教师可以引导学生进一步发现：如图，圆心形成的轨迹是一条线段 O_1O_2，并且在长方形的中线上。圆心可以在这条线段上运动，并且 O_1，O_2 是圆心运动的极限点。

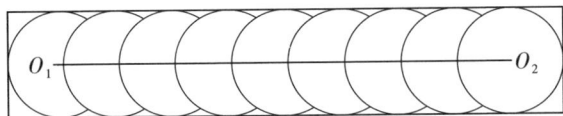

同时，教师可以借助几何画板，动态演示圆心运动的轨迹，让学生体验图形的运动和极限思想。

这里我们通过设问：圆心在什么位置？你有什么发现？一方面可以降低问题的思考难度，有助于让学生逐渐发现规律，感受圆心运动的轨迹，渗透逼近的极限思想，另一方面能极大限度地发挥这道例题的教学价值，培养学生的几何分析和创新思维能力。

当然，这节公开课富有创意，生动流畅，直抵本质，启人智慧。授课教师不仅生动真实地展示了"圆的练习"教学的全过程，而且引导学生提炼蕴含的数学思想与方法，可谓意味深长。他不仅为我们呈现了一堂精彩的示范课，也为我们提供了宝贵的教学经验和明确的方向指导。

一字之改，尽显风流。在"剪""画"的得失之间，我们将冰冷的数字化为火热的思考，引领学生在探寻数学本质和追求缜密推理的数学课堂上，让思维自由地呼吸成长。

让数生"根"，建构意义

《义务教育数学课程标准（2022年版）》最显著的变化之一就是提出培养学生数学核心素养的课程目标。数学学科核心素养是"四基"（基础知识、基本技能、基本思想和基本活动经验）的继承和发展，"四基"是培养学生数学学科素养的沃土，是发展学生学科素养的有效载体。计算是"数与代数"领域的一项重要内容，在小学数学教学中具有举足轻重的地位。传统的计算教学过于注重"双基"，即要求学生基础知识扎实，基本技能熟练，而对感悟数学思想、积累数学活动经验的关注则少之又少。因此，如何在计算教学中有效地落实新增"双基"，是数学教学中必然要面对的问题。

我们认为，让"数"生根，是一个值得尝试的途径。这里的"数"，可以指各种形式的数的认识、数的性质、数的运算法则、数的运算定律、数字和算式的规律、数量关系等。让"数"生根，本质上是一种意义建构，就是挖掘"数"背后的问题情境、几何表征、思想方法，使"数"的学习变成有意义的学习。让"数"生根，就是让学生经历"数"的形成过程，不断地在"做"数学中，积累基本活动经验；在"思"数学中，感悟数学思想方法。让"数"生根，可以作为一种教学理念，尝试着指导我们的计算教学，使其实现"双基"到"四基"的有效转变，有效落实数学核心素养。那么如何在计算教学中落实"让'数'生根"这一教学理念？下面就结合一些教学案例，谈谈几点思考。

一、创设问题情境，给"数"提供生长的土壤

新课程标准在每个学段目标都明确指出：经历或体验从日常生活中、从具体情境中抽象出数或数学符号的过程。在有关"数"的教学中应营造一个宽松和谐、兴趣盎然的学习氛围。教师要善于把"数"的教学内容转换成一连串具有潜在意义的问题根植于具体的现实的情境中，激发学习兴趣，引导学生进行有意义的、富有价值的主动探究。

例如，在教学"小数加减法"时，我们创设这样的情境——画面展示超市商品：一盒酸奶1.25元；一盒饼干2.4元。小明带了4元钱，想买这两盒东西，钱够吗？

之所以创设这样的问题情境，而没有采用过去教材中的"跳水情境"，基于以下认识：

首先，教材的"跳水比赛"所给出的数据都是两位小数，有些学生在笔算时，直接按整数加减的"末位对齐"法则，也能得出正确结果，可是一旦遇到有"错"位的小数加减法，便有可能"水土不服"，错误百出。

其次，以"跳水分数"作为笔算数据，较为抽象，很难借助具体情境将小数转化整数思考，进而沟通小数加减与整数加减的本质联系也变得十分困难。

再则，创设"购物情境"，使得算法多元化（化成元角分、化成整分、用小数计算等多种笔算方法），使得抽象的小数加减法计算有了表象的支撑，可加深对算理的理解：先把小数点对齐，其本质就是小数数位上的数对齐后，再加减。这与整数加减法的本质是相同的，使得学生的学习向着数学本质更进一步。

对"数"的探究，要尽可能地在现实情境中设置问题，这样符合儿童学习的认知规律，有利于学生积累生活经验，同时具有强烈的问题意识才能驱动学生不断地发现问题与解决问题。这样能够使学生兴趣盎然，思维活跃，使冰冷的数字变得生动鲜活，抽象的数学变得形象具体。"数"的探究变成有

本之木，有源之水，既提高了对"数"的本质把握，又培养了问题意识和应用意识。

二、注重直观操作，精心培育每一个"数"

直观就是未经充分逻辑推理而对事物本质的一种直接洞察，直接把握对象的全貌和对本质的认识，数学的直观就是对概念、证明的直接把握。教师要善于利用直观操作加强学生对数学的理解，推动学生对数学的思考。计算教学中，动手操作、直观演示是理解算理、掌握算法的关键。教师要引导学生在操作中明算理，写算式时想算法。在操作中经历计算过程，理解每一个"数"的意义，让其深入学生内心。

在教学"一位数除多位数"时，如算式：$46 \div 3 = $ ____ 。

许多老师惯用的教学方式，那就是不讲算理的"绝招"——"商、乘、减、落"，然后让学生机械练习，达到掌握基本技能的目的。

试问一下，学生真正理解这个"绝招"吗？其实，教师不妨采用"循理入法"策略，利用小棒做教具，通过动手操作，演示每一"招"、每一"数"，使除法的动作变得有板有眼，有理有据。

实践效果非常显著，根据演示，学生容易感悟"分小棒"的过程与竖式计算过程的一致性，遵循着算理"商、乘、减、落"的操作过程变得十分形象、生动。在此基础上，基于理解的计算练习使"以理驭法"真正落到实处。

在教学"笔算除法"时，学生如果出现如下竖式，这可能与教师期望的结果截然相反。

$$
\text{学生想} \quad
\begin{array}{r}
1 \quad 5 \\
\div \quad 3 \\
\hline
5
\end{array}
\qquad
\text{教师想} \quad
\begin{array}{r}
5 \\
3\overline{)15} \quad \cdots\cdots \text{老师的 15}\\
15 \quad \cdots\cdots \text{学生的 15}\\
\hline
0
\end{array}
$$

但是站在学生的角度来看，基于学生先前学习的加减乘用列竖式的认知经验，这是正常的表现（如果学生事前没有预习过）。教师不要立即予以反驳，而是要利用直观演示引导学生思考列出右边竖式的意义及每个数的意义。

师呈现问题：15÷3表示什么意义？

同时，将15个桃子卡片贴在黑板上。

生：把15个桃子平均分成3份，每份是几个。

师：老师这里有15个桃子，请学生分到三个盘子里，每个盘子里分几个？

学生操作分桃的过程，把15个桃子分完后，教师剩下0个。

师：我的15是一个15，你们的15是3个5，两个15是有区别的。（如上图）

师：同学们，根据这个过程，你觉得两种竖式写法，哪一种比较合理？

学生会认为书本上的写法有道理，因为比较好地记录了分的过程。

教学时，教师常常把它作为计算规则直接告诉学生并要求学生按此规则进行计算。其实这真的只是一种规定吗？我们需要站在不同的角度深入思考：这种规定内在的合理性是什么呢？知其然并且要知其所以然，经历了上面的探究过程，了解了"除法竖式"的书写格式，探究出每个"数"的意义，这体现的不仅仅是一种人为规定，更多的是一种理性思考。

三、关注多元表征，让"数"的触角自由伸展

以往，小学数学的教学重点，不是基础知识，就是基本技能。现在，随着数学教学目标呈现多样性的趋势，教学的重点不再仅仅局限于"双基"，数学的某些基本思想方法的感悟、探究过程的某种体验，同样成为教学的重点。

多元表征，就是一个数学概念或数学问题，往往可以通过多元的形式来表征。不同的表征形式是为了对概念或问题进行不同的解释，即从不同的角度、不同的视角对其本质进行视觉化或体验化的阐述，使学生获得更为深刻的体验，从而达到对数学本质的感悟。对数的概念的多元表征，就是引导学生在动手操作中积累活动经验的过程，就是引导学生在观察比较中对其渗透数学思想方法。

在教学"分数乘整数"一课时，课件出示问题（情景图略）：

小新、爸爸、妈妈一起吃一个蛋糕，每人吃 $\frac{2}{9}$ 个，3人一共吃多少个？

师：仔细观察，从图中能得到哪些数学信息？这里的 "$\frac{2}{9}$ 个" 表示什么？你能利用已学知识解决这个问题吗？

学生独立思考，列出如下三个算式。

列算式：$\frac{2}{9}+\frac{2}{9}+\frac{2}{9}=\frac{6}{9}=\frac{2}{3}$　　$\frac{2}{9}\times3=\frac{6}{9}=\frac{2}{3}$　　$3\times\frac{2}{9}=\frac{6}{9}=\frac{2}{3}$

师追问：想一想，你能找出什么样的方法验证你的计算结果吗？

小组交流汇报不同的验证方法。

画线段图：

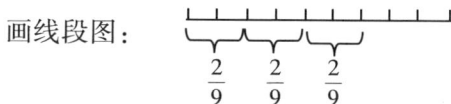

画单位圆：

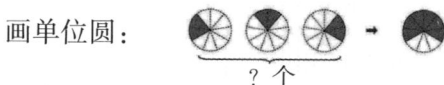

折纸：

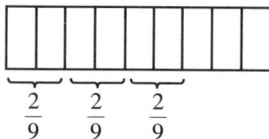

教师引导学生观察思考"一共吃了多少个"，使学生迅速进入学习状态。经历独立思考、自主计算并验证、小组交流等环节后，教师鼓励学生大胆地呈现个性化的方法，多元表述，引导学生自主得出结论，这将有助于学生积累活动经验，感悟数形结合、类比归纳等思想方法，从而加深对分数乘整数意义的理解。

关注数的多元表征，就是构建一个生动活泼的、主动的和富有个性的学习过程，引导学生一起走向对"数"的概念更深入的理解。在学习的过程中，不仅培养了学生主动探索的精神，而且激发了学生的求异心理，发展了创新思维。

四、渗透思想方法，让"数"根深叶茂

学会计算仅仅是计算教学的目标之一，更重要的是培养能力。教学中，教师关注学生的思维活动，通过思想渗透来发展学生的智慧。如模型思想、转化思想、数形结合思想、猜测—验证—归纳思想等是计算教学中较常用的数学思想与方法。教师可引导学生在探究数与算式的过程中逐渐感悟这些数学思想方法，从而更有效地提高学生的运算能力。

模型思想就是在教学中要帮助学生不断经历将现实问题抽象成数学模型并进行解释和运用。对计算教学而言，建模的过程，实际上就是"根据情境列算式""根据算式想象情境"的过程。教师要经常地带领学生经历这样的过程，建模的思想就会逐渐根植于学生心中。

转化思想可以说自始至终地贯穿于整个计算教学之中，比如：一位数与多位数的乘除法可以转化为表内乘法与整十、整百数乘一位数；多位数的乘法可以转化为一位数乘多位数与整十、整百数乘多位数；小数的乘除法可以转化为整数的乘除法等。通过这些内容的学习，学生体会转化的本质。

再举一例，谈谈数形结合思想、归纳思想的渗透。

在外出学习时，一位特级教师的课"分数乘分数"给我们留下深刻印象。这位老师在教学时，首先，创设实际问题情境：王芳是班里的手工编织能手，每小时能织围巾 $\frac{1}{4}$ 米，$\frac{1}{2}$ 小时、$\frac{2}{3}$ 小时能织多少米？引出分数乘分数的算式 $\frac{1}{4} \times \frac{1}{2}$，$\frac{1}{4} \times \frac{2}{3}$，再引导借助长方形纸折一折、涂一涂，直观理解这两个算式的意义并从图中读出算式的结果；接着，让学生观察研究算式特点 $\frac{1}{4} \times \frac{1}{2} = \frac{1}{8}$，$\frac{1}{4} \times \frac{2}{3} = \frac{2}{12} = \frac{1}{6}$，得出"分子相乘的积作分子，分母相乘的积作分母"这一猜测；最后，课件演示学生的作图过程、与学生共同分析验证、总结归纳，形成结论。整个过程，这位老师先让学生观察直观图得出结果，最后再依托图形探究算理和掌握算法。抽象的"数"和直观的"形"紧密结

合，在一次次"数"与"形"的互动中帮助学生加深对分数乘分数的本质认识——分母相乘表示分了又分，分子相乘表示取了又取。

虽然研究很费时，但学生完完整整地经历了一次数学规律探索的过程，即"猜测—验证—结论"，感悟到一切猜测要想成为一个公认的结论，必须经过验证。这一科学的研究问题的思路在实践中深深印入学生的心田。这种思想方法在计算教学中，尤其是对各种计算法则、运算定律、公式的归结中最为常用。而且在今后的数学学习中，学生要理解它、掌握它。

顾泠沅老师指出：实践和探索中的体验，特别是数学活动经验的积累，数学思想方法的感悟，这是实践性、创新型人才培养的重要途径，也是我们数学教育的软肋，需要在这方面苦思冥想，痛下功夫。教学中要引导学生理解基础知识，掌握基本技能，感悟数学思想方法，积累数学活动经验，促进学生数学学科核心素养的不断提升。尤其是占教学任务比重较大的计算教学，仅让学生获得熟练机械的计算技能，显然是不够的。如何在学习算理和算法的过程中更好地丰富感觉与体验，渗透思想与方法？如何让计算教学插上"积累活动经验"和"感悟思想方法"的双翼，使之破茧成蝶，华丽转身？让"数"生根，只是提供了一个思考的方向，这里仍需要每位数学教师作进一步深思和探索。

附录1

促进学生思维成长的课堂教学现状调查问卷内容及目的

题号	问题	选项	测查目的
1	您对促进学生思维发展的满意度?	非常满意	更新教师理念
		比较满意	
		比较不满意	
		非常不满意	
2	您认为小学数学课堂学生学习什么最重要?	基础知识	
		基本技能	
		学习方法	
		思维方式	
3	您是否需要掌握一定的教学策略促进学生的思维成长?	非常需要	
		比较需要	
		不太需要	
		完全不需要	
4	您支持的数学学习观点有哪些?(可多选)	每个学生都能学好数学	
		数学讲求创造和讲出道理	
		数学讲求关联和沟通	
		深度比速度更重要	
5	讲授新课前,您是否采用一些方式了解或前测学生的学情?	总是使用	优化课堂教学
		经常使用	
		偶尔使用	
		从未使用	

题号	问题	选项	测查目的
6	新课程标准重视设计核心问题,进行问题引领。您认为一节课的核心问题通常指什么?	一节数学课的难点问题	
		体现知识本质并统领全课的问题	
		引发学生探究思考的问题	
		具有一定开放性的问题	
7	您能否提炼出一节课的核心问题?	总是能	
		经常能	
		偶尔能	
		不能	
8	在学生遇到问题时,您认为最有效的探究方式是什么?	直接讲解	
		引导学生画图分析,并解答出来	
		讨论交流	
		指导学生记录思维碎片,综合分析	
9	呈现学生的学习材料时,您觉得哪种方式最有助于意义的理解?	教师直接讲解	优化课堂教学
		学生台前讲解	
		学生质疑思辨	
		师生共同点评	
10	新课标注重教学内容的结构化,强调:"构建对未来学习有支撑意义的结构化的数学知识体系。"您对这一句话如何理解?	比较容易理解,也较好落实	
		比较容易理解,但不好落实	
		不容易理解,也不好落实	
		根本不理解,也很难落实	
11	进行结构化教学,您认为有效的教学方式是什么?(可多选)	从单元整体视角设计教学	
		注重设计结构化问题情境	
		选用结构化的学习材料	
		关注知识的本源、本质和联系	
		关注解决问题的通性通法	
		注重板书的结构化	
12	针对某一知识点的教学,您能否提炼出蕴含的数学思想方法?	总是能够	
		经常能够	
		偶尔能够	
		从不能够	

题号	问题	选项	测查目的
13	全课回顾反思时,您认为更能体现关注思想方法的提问是什么?	通过今天的学习,你有哪些收获?	优化课堂教学
		今天,我们经历了怎样的学习过程?	
		遇到了问题,我们是借助什么解决的?	
		您还有什么困惑的地方,还想了解什么?	
14	"双减"背景下优化作业设计,您更注重考查什么内容?(可多选)	事实性知识	
		程序性知识	
		知识概念的意义	
		知识的过程与方法	
15	在您的数学课堂上,学生是否喜欢用不同的方法探究知识?	总是会	丰富课堂文化
		经常会	
		有时会	
		很少会	
16	在您的数学课堂上,学生是否会质疑并提出不同的问题和观点?	总是会	
		经常会	
		有时会	
		很少会	
17	在您的数学课堂上,学生在回答问题出现错误时,他/她会如何表现?	很羞愧	
		很坦然	
		得到嘲笑	
		得到平等对待	
18	在您的数学课堂上,您经常实施的教学行为有哪些?(可多选)	鼓励学生质疑,提出不同的问题和观点	
		组织学生交流讨论,寻求解决问题的方法	
		不提倡在反思时用速度作为评价指标	
		犯错时给予鼓励,并因势利导进行容错、化错	

附录2

促进学生思维成长的课堂教学现状调查与分析

一、调查背景

"双减"政策落地推行以来，我们必须思考如何在课堂上"提质增效"，促进学生思维的成长。《义务教育数学课程标准（2022年版）》颁布实施，我们必须思考如何落实新课程理念，培育学生的数学核心素养。这就需要我们立足数学课堂，把握数学、思维、学习的本质，为学生提供思维成长的空间，探索数学课堂教学的新样态、新路径。为此，我们承担了省级科研项目"格数致智：'双减'背景下小学数学课堂教学新样态的路径研究"。

为了更好地了解学生在当前数学课堂上的思维现状如何，了解一线教师是怎样看待学生思维成长的，了解教师在日常的课堂教学中又是怎么做的，我们设计了专题问卷，开展了广泛深入的调查。

二、调查问卷的编制

结合课题研究的内容和目的——探索构建思维成长的数学课堂的教学路径，我们将调查问卷从教师理念、课堂教学、课堂文化三个方面进行问题设计。调查问卷的主体由18个问题组成，其中14道单选题、4道多选题。如附录1表所示。

三、被试教师的基本情况

调查问卷借助问卷星进行编制,并通过QQ群或微信平台发布,主要面向淮北地区和周边地区教师,老师自主参与。结果显示,共有500多名教师参加此次问卷调查,符合问题数量与参与问卷数量的良好比例,说明问卷调查获得的数据有一定的代表性。

被测教师的年龄、学历、职称和所带年级结构如表1所示。

表1　被测教师的基本情况

问题	您的最高学历是什么?				您的执教年龄是多少?			
选项	中专	大专	本科	研究生	0—5年	6—10年	11—15年	16年以上
占比	0.35%	11.15%	84.32%	4.18%	19.86%	15.68%	13.94%	50.52%
问题	您的职称是什么?				您的执教年级是什么?			
选项	未定级	二级教师	一级教师	高级教师	正高级教师	1—2年级	3—4年级	5—6年级
占比	0.35%	11.15%	84.32%	4.18%	1.05%	33.45%	29.97%	36.58%

从表1可以看出,无论是学历、教龄、职称还是执教年级的人数分布,都没有出现空缺,涉及面较广,总体上来讲数据是全面、客观、真实的。

四、调查数据的分析

(一)教师理念

针对教师关于促进学生思维成长的教学理念的调查,我们设置了4个问题,包括教师对思维方式的认知(重要性、持有观点)、发展思维的评价和策略需求,统计数据结果如表2所示。

表2 "教师理念"调查结果

问题	选项及占比			
1.您对促进学生思维发展的满意度?	非常满意	比较满意	比较不满意	非常不满意
	31.01%	61.67%	6.62%	0.7%
2.您认为小学数学课堂学生学习什么最重要?	基础知识	基本技能	学习方法	思维方式
	8.36%	6.97%	19.86%	64.81%
3.您是否需要掌握一定的教学策略促进学生的思维成长?	非常需要	比较需要	不太需要	完全不需要
	85.02%	14.98%	0%	0%
4.您支持的数学学习观点有哪些(可多选)?	每个学生都能学好数学	数学讲求创造和讲道理	数学讲求关联和沟通	深度比速度更重要
	57.84%	77.7%	72.82%	60.98%

从表2中的数据可以看出,首先,教师对发展学生思维的状况满意度是比较高的,认为课堂教学应该更关注学生的学习方法和思维方式,这两项占比达到80%以上,尤其教师对如何促进学生思维成长的策略上的迫切需求,高达85%以上;其次,第4个问题,关于教师对数学学习本质的认知,虽说在不同层次上认知有差别,但差别是略微的,总体来讲对数学的本质是理解和认可的。数据分析表明,探索促进学生思维成长的课堂教学路径的重要性和迫切性,进一步凸显了我们课题研究的价值所在。

(二)课堂教学

针对教师在实际数学课堂上促进学生思维成长做法的调查,我们遵循"情境—问题—探究—提炼—反馈"的教学路径和"启疑—对质—思辨—反思—内化"的思维进阶,并结合新课程标准理念进行问题编制。这里共编制10个问题。为了方便分析和突出调查结果,我们选择从问题引领、组织探究、提炼思想方法等三个主要方面分类统计。

表3 "课堂教学"调查结果——问题引领

问题	选项及占比			
1.新课程标准重视设计核心问题,进行问题引领。您认为一节课的核心问题通常指什么?	一节数学课的难点问题	体现知识本质并统领全课的问题	引发学生探究思考的问题	具有一定开放性的问题
	8.01%	37.28%	51.57%	3.14%
2.您能否提炼出一节课的核心问题?	总是能	经常能	偶尔能	不能
	17.07%	56.1%	25.09%	1.74%

从表3中可以看到,绝大部分教师非常重视设计一节课的核心问题,并进行问题引领,启发学生的思维,落实新课程标准理念。但对核心问题的认知稍有偏差,只有约四成教师选择一节课的核心问题应该是"体现知识本质并统领全课的问题",而"引发学生探究思考的问题"仅仅是核心问题的必要条件。由此看来,理解和设计出一节课的核心问题,在以后的教研和教学中,还需要进一步加强和落实。

表4 "课堂教学"调查结果——组织探究

问题	选项及占比			
1.在学生遇到问题时,您认为最有效的探究方式是什么?	直接讲解	引导学生画图分析,并解答出来	讨论交流	指导学生记录思维碎片,综合分析
	1.74%	36.94%	21.95%	39.37%
2.呈现学生的学习材料时,您觉得哪种方式最有助于意义的理解?	教师直接讲解	学生台前讲解	学生质疑思辨	师生共同点评
	1.05%	9.42%	67.25%	22.3%
3.新课标注重教学内容的结构化,强调:"构建对未来学习有支撑意义的结构化的数学知识体系。"您对这一句话如何理解?	比较容易理解,也较好落实	比较容易理解,但不好落实	不容易理解,也不好落实	根本不理解,也很难落实
	13.94%	64.46%	21.6%	0%

问题	选项及占比			
4.进行结构化教学,您认为有效的教学方式是什么?(可多选)	从单元整体视角设计教学	注重设计结构化问题情境	选用结构化的学习材料	关注知识的本源、本质和联系
	81.53%	80.84%	81.18%	85.37%
	关注解决问题的通性通法	注重板书的结构化		
	68.29%	50.87%		

从表4中可以看到,大部分教师在课堂上组织学生进行探究时,重视学生动手操作、质疑思辨、归纳概括;重视教学内容的结构化,关注知识的本源、本质和联系;重视选择引发学生思考的教学方式。但在表4问题1中,仅有36.94%的教师选择画图分析解决问题,而引导学生主动探究,通过"动手操作、画图分析,让思维过程和结果可视化"是思维发展的重要关键。这一点,在以后的教学中怎么强调都不过分;在表4问题4中,仅有50.87%的教师认为结构化的板书是有效的教学方式,所以我们经常会观察到部分教师板书的随意性,这也反映出部分教师对结构化板书在认知上的不理解和思想上的不重视。

表5　"课堂教学"调查结果——提炼思想方法

问题	选项及占比			
1.针对某一知识点的教学,您能否提炼出蕴含的数学思想方法?	总是能够	经常能够	偶尔能够	从不能够
	15.33%	62.02%	22.3%	0.35%
2.全课回顾反思时,您认为更能体现关注思想方法的提问是什么?	通过今天的学习,你有哪些收获?	今天,我们经历了怎样的学习过程?	遇到了问题,我们是借助什么解决的?	您还有什么困惑的地方,还想了解什么?
	14.63%	26.48%	37.98%	20.91%

从表5中可以看到,多达70%以上的教师经常能够感悟和提炼出某一知识点蕴含的数学思想方法,足见教师对教学数学思想方法的重视,同时也体

现出教师一定的教学理论水平和教学自信。但表5中问题2的统计数据表明，仅有37.98%的教师认为"遇到了问题，我们是借助什么解决的"的提问更关注的是思想方法。因此，教师如何引导学生回顾、反思、提炼数学思想方法，并在课堂上有效落实，仍需进一步的探讨。

（三）课堂文化

构建思维成长的数学课堂，需要营造乐学、会学、善思、内省的数学课堂文化氛围。为此，我们设计如下4个问题，其中前3个问题从学生的角度侧面调查教师的教学态度，第4个问题调查教师在课堂上的教学行为。统计数据结果如表6所示。

表6　"课堂文化"调查结果

问题	选项及占比			
1.在您的数学课堂上，学生是否喜欢用不同的方法探究知识？	总是会	经常会	有时会	很少会
	16.37%	59.93%	22.65%	1.05%
2.在您的数学课堂上，学生是否会质疑并提出不同的问题和观点？	总是会	经常会	有时会	很少会
	11.85%	51.57%	34.15%	2.43%
3.在您的数学课堂上，学生在回答问题出现错误时，他/她会如何表现？	很羞愧	很坦然	得到嘲笑	得到平等对待
	10.8%	57.84%	0.7%	30.66%
4.在您的数学课堂上，您经常实施的教学行为有哪些？(可多选)	鼓励学生质疑，提出不同的问题和观点	组织学生交流讨论，寻求解决问题的方法	不提倡在反思时用速度作为评价指标	犯错时给予鼓励，并因势利导进行容错、化错
	90.24%	89.55%	36.93%	75.96%

从表6中可以看到，一半以上教师的数学课堂是鼓励学生质疑讨论、悦纳学生错误的，学生也勇于表达自己的观点和提出不同的问题。这表明，教师在促进学生思维成长方面具有积极的态度；在实际教学中能有效地利用学

习策略激发学生思考，营造思维自由生长的空间。由此看来，大部分教师对构建学生思维成长的数学课堂已经积累了一些教学经验，下一步的研究重点需要全面提高、总结提升，尤其在培养学生反思能力上需要提升教师的认知（数据显示仅 36.93% 的教师支持学生反思时不用速度作评价）。

五、调查的结论和建议

如何构建促进学生思维成长的数学课堂？如何落实"双减"政策和新课程理念，培育学生的数学核心素养？结合以上数据的调查和分析，我们应该从以下几个方面进行努力。

（一）新课程理念和思维发展意识根植心中，但指导教学实践尚需进一步理清认知

调查结果显示，数学学习要培养学生的数学思维，数学课堂要促进学生思维的成长，教师要掌握一定的教学理论和策略指导自己的课堂教学，这都说明教师需要具有培养学生思维发展的观念。

新课程标准强调：数学学习要关注知识的本源、结构和关联，建立有意义的知识结构；要引导学生学会用数学的思维进行思考，养成科学的思维习惯。从具体数据来看，七成以上的教师认为数学需要讲求创造和讲道理、讲求关联和沟通。由此可见，新课程理念已深入教师心中。

我们必须清晰地认识到，对理念的认识亟须深入，仅有近 60% 的教师认为每个学生都能学好数学和深度比速度更重要。然而探索有效的教学策略又那么迫在眉睫。因此，我们需要理清认识：数学能力不是天生的，人人都可以学好数学，只要施以恰当的教学方法和正确的评价方式；数学思考讲求的是深度而非速度，需要学生深思熟虑、联结方法、推理与证明；要用科学的教学方法，引导学生理解并掌握数学思维。所以我们要扫除认知上的障碍，激发学生学习数学的兴趣，发展学生的数学思维。

（二）课堂教学重视多种策略促进思维发展，但形成有效、可推广的教学路径尚需进一步整合重构

调查结果显示，在实际课堂教学中，教师能够选择引发学生思考的教学方式，让学生在实践与探究、体验与反思、合作与交流等学习过程中，发展思维能力，培育核心素养。但在具体的教学环节处落实情况不容乐观。这一现象折射出当前广大教师对学生思维成长的规律尚未充分把握，教学路径也无规律可循，导致数学学习的碎片化、浅表化，极不利于学生思维能力的培养。

从具体的数据中，我们必须清晰地认识到：学生思维成长应遵循"启疑—对质—思辨—反思—内化"的进阶规律。启疑阶段，我们需要注重设计核心问题，进行问题引领；思辨阶段，我们需要引导学生进行动手操作并图形化地思考和表达数学，将思维过程与思维结果可视化，促进理解交流，实现经验的改造和提升；反思阶段，我们要改变传统的总结模式，让总结回顾更关注于学习的过程和提炼思想方法；内化阶段，我们的练习设计应该注重考查知识概念的本质和意义、知识的过程和方法，而不仅仅关注考查知识与技能。

总之，我们需要遵循学生思维成长的规律，整合和重构教学路径，为学生提供思维自由生长的空间。

（三）教师具有积极的数学态度和教学行为，但创设思维成长的课堂文化尚需进一步改进提升

调查结果显示，高达90%的教师在数学课堂上鼓励学生质疑，提出不同的问题和观点，组织学生交流讨论，寻求解决问题的方法。从调查学生的数据中，也侧面反映出在这种积极的教学态度和行为下，学生的数学学习产生出积极的效果。

可见，教师对数学的信念和态度，会影响自己的教学方式，也会影响学生在数学课堂上所学到的知识和能力。数据表明，拥有积极教学态度和教学

行为的老师，其课堂效果更高；学生更喜欢数学，数学思维水平也更高。

我们必须清晰地认识到：数学课堂讲求的是学习，而非表现，重要的是把知识本质与相互联系理解透彻，反应快慢无关宗旨。教师需要给学生充分反思内省的时间，尊重学生的个体差异；教师需要引导学生树立正确的错误观，错误是很宝贵的，出错就表示我们正在学习，从错误中学习有利于概念的深刻理解。

我们可以把课堂文化定义为常规引导课堂互动的规范和行为。教师拥有先进的教育理念、良好的思维习惯、积极的学习态度和有效的教学行为，是创设思维成长的课堂文化的首要因素，需要我们为此不懈努力。

特别需要说明的是，我们得到的数据及分析可能存在一定的误差，也存在一些缺陷，需要进一步检验和论证。探索"双减"背景下促进学生思维成长的课堂教学路径，是一个实践摸索、总结经验、提炼策略的漫长曲折的过程，当然也是一个不断反省、蜕变、提升的浴火重生的过程。

后　记
思考点亮人生，思维点燃课堂

　　随着《义务教育数学课程标准（2022年版）》的颁布实施，新一轮的数学课程改革已经拉开序幕，此次改革确立了核心素养导向的课程目标。其中，培养学生的创新意识是现代数学教育的基本任务，应贯穿数学教育的始终，而学会独立思考、质疑批判又是创新意识的核心。

　　要想培养学生的创新意识，首先，教师应是一个独立思考、具有批判思维的人。试想一下：一个不善于思考、故步自封、亦步亦趋的老师，又怎能培养出具有创新意识、勇于挑战的学生呢？教师，应是永不停歇的思考者，要用思考来点亮自己的课堂。

　　反躬自省，回首二十多年的教学生涯，从喜欢教数学，到开始思考数学教学中的问题，然后逐步向数学教育教学的本质逼近，我经历了一个漫长的过程，伴随着一个又一个的教学探索。比如，困惑、思考许久的"烙饼问题"，在一次"五段式"教研活动中，我深受启发，开始换个角度思考烙饼问题，从"饼的面数"而不是"饼的张数"入手探讨烙饼所需的时间，从而抓住了问题本质——"烙饼"其实"烙"的是"面数"，用"饼的总面数"除以"锅一次最多可烙的面数"就是"所需的最少时间"，破解了一个争议——为什么不讨论一张锅一次能烙3张饼（3个面）、4张饼（4个面）等情况，因为所提供的饼的总面数未必是3或4的倍数，从而导致锅有可能"空"着。欣喜

212

之余，我将想法写成文章《都是张数惹的"祸"》，之后发表在人民教育出版社官方网站上，并得到广大一线教师的一致好评。其中一位特级教师这样评论：今天拜读了淮北市人民路学校宋士民老师的文章，文章写得很好，对于一线教师很受用，希望大家都将好文章呈现，与广大教师交流，愿我们一道深入研究我们的数学知识、数学课堂。这个评论是对我思考的肯定，更是对我的激励与鞭策，使我更有信心行走在数学教学的路上。

伴随着新课改的深入开展，传统的计算教学——重算法轻算理的做法也受到了质疑。如何在计算教学中实现"双基"向"四基"的有效转变，让我又开始了教学思考。在研读名师课例和结合多年教学实践的基础上，本书提出"让数生根，进行意义建构"的计算教学新主张。在突出掌握算法的同时，也要注重对算理的深刻理解，同时还要注重对活动经验的积累和数学思想方法的渗透；在掌握"标准算法"之前，要注重发展学生发现多种算法的策略，引导学生在探索和思考中"做数学"，在直观操作、发现多种算法、优化"标准"算法中，将概念理解、算法演示、书面记录有机联系，培养学生的运算能力、符号意识和推理意识。

"为思维而教"，这句话在一定程度上揭示了数学教育的本真意义。审视当下的课堂教学现状，有学生之所以不喜欢数学，是因为有的课堂教学歪曲了数学的"本来面目"。

一是存在过于关注教学细节的现象，割裂了知识的结构和联系，缺乏统整理念，导致知识的线性化、碎片化，学习终将"只见树木，不见森林"，"入宝山而空手回"。

二是过多地关注外在形式和情境创设，将数学变成简单的机械记忆和浅层思考的学科，忽略靠感悟数学知识的内在思想和魅力去吸引学生，去启迪学生深度思维。

针对上述现象，我们产生了一些新的教学思考和教学构想。

一是追求有根的数学。追求有根的数学，其实是一种数学教育生态的返璞归真。其一，回归学科本质，寻找知识的"根"，知晓数学本身的逻辑结构，经历知识的形成过程；其二，回归教育规律，把握认知的"根"，洞悉儿童数学学习的心理基础，构建儿童思维生长的生命课堂。因此，追求有根的数学，要关注学生的先有概念，设计儿童需要的数学学习，在学习过程中，要由表及里看本质，由此及彼看联系。

二是促进思维的发展。思维既是数学能力之"核"，又是数学素养之"魂"。为思维而教，是核心素养下数学课堂教学的应然追求。数学是思维的体操，数学能使你的思维正确、敏捷，有了正确、敏捷的思维，便会形成正确处理问题的关键能力和必备品格。数学既然是思维的体操，只要经过训练，任何人都可以达到一定的标准，促进自身的思维发展。因此，在教学中，我们要设计有效的学习活动，丰富数学活动经验，感悟数学思想方法，将"传授知识、培养能力"和"优化思维、启迪智慧"同时落实。

我思故我在。我们总是在思考一些问题，在思考中不断地成长，在成长中不断地感悟：数学的本质是什么？儿童需要怎样的数学？数学教育教学的目的是什么？"格数致智"这一教学设想和教学主张应运而生，呼之欲出。这一教学主张不仅有效地回应了上述问题，破解了教学路上的一些迷茫，而且促使我们不断地探索促进学生思维成长的教学新路径，呈现出不一样的课堂教学新样态，同时也坚定了我们行走在课改路上的方向和信心。

道阻且长，行将必至，行而不辍，未来可期。徜徉在数学教育的海洋里，执着于对教学规律的思考和探索，哪怕思索的过程是困惑的、迷茫的，是失落的、孤独的。但我们无怨无悔，因为它营造出来的是充满灵动和智慧的课堂，成就的必然是学生的精彩人生！

最后，衷心感谢省科研课题"格数致智：'双减'背景下小学数学课堂教学新样态的路径研究"（编号：JK22095）项目组的专家和同事：淮北市小学数学名师工作室首席名师韩东老师，李朋朋、张莉、郜叶红、徐亮、王玉华、贾妍妍、张敏、陈维雪等老师。没有你们辛勤的指导和热情的付出，这本书是不可能顺利完成的。

本书除了使用我们自己的一些研究成果外，还吸收和借鉴国内外有关专家、学者的研究成果，在此一并致谢！

　　由于我们水平有限，时间比较仓促，书中难免有许多不足或谬误之处，恳请专家和同行们指正。

宋士民

2024 年 3 月于锦绣和庄